ENQUÊTE

SUR

LA NAVIGATION, L'IMMIGRATION ET LE COMMERCE FRANÇAIS

A LA

NOUVELLE-ORLÉANS

EN 1876

EFFECTUÉE PAR

M. le vicomte Paul D'ABZAC

Consul de France
Gérant le consulat de la Nouvelle-Orléans

AVEC LE CONCOURS

des principaux Négociants français résidant en cette Ville

Publié avec l'autorisation

DE S. EXC. M. LE DUC DECAZES

Ministre des Affaires Etrangères

PARIS

LIBRAIRIE DE GUILLAUMIN ET Cie, ÉDITEURS

du Journal des Economistes, des Economistes et Publicistes contemporains,
de la Bibliotheque des sciences morales et politiques, du Dictionnaire
de l'Economie politique, du Dictionnaire du Commerce et de la Navigation, etc., etc.

RUE RICHELIEU, 14

1876

ENQUÊTE

SUR

LA NAVIGATION, L'IMMIGRATION ET LE COMMERCE FRANÇAIS

A LA

NOUVELLE-ORLÉANS

EN 1876

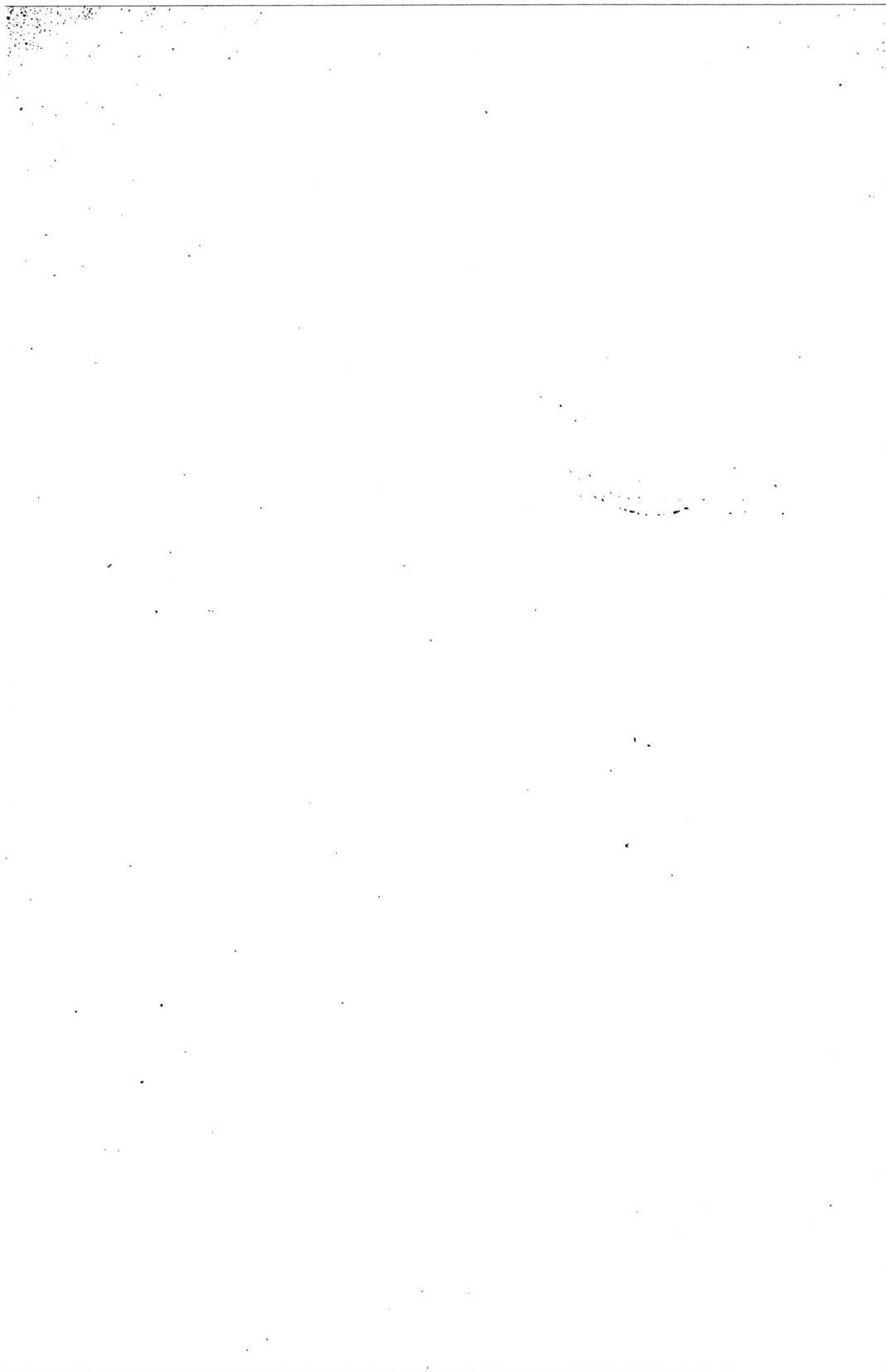

ENQUÊTE

SUR

LA NAVIGATION, L'IMMIGRATION ET LE COMMERCE FRANÇAIS

A LA

NOUVELLE-ORLÉANS

EN 1876

EFFECTUÉE PAR

M. le vicomte Paul D'ABZAC

Consul de France
Gérant le consulat de la Nouvelle-Orléans

AVEC LE CONCOURS

des principaux Négociants français résidant en cette Ville

Publié avec l'autorisation

DE S. Exc. M. LE DUC DECAZES

Ministre des Affaires Etrangères

PARIS

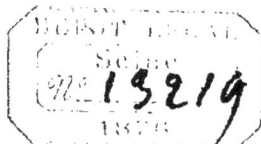

LIBRAIRIE DE GUILLAUMIN ET Cⁱᵉ, ÉDITEURS

du Journal des Economistes, des Economistes et Publicistes contemporains,
de la Bibliothèque des sciences morales et politiques, du Dictionnaire
de l'Economie politique, du Dictionnaire du Commerce et de la Navigation, etc., etc.

RUE RICHELIEU, 14.

1876

INTRODUCTION.

L'enquête dont le texte suit a été effectuée sur mon initiative et sous ma direction, avec le concours des négociants et résidents français de la Nouvelle-Orléans. Les personnes qui y ont collaboré s'estimeront flattées si leur travail est favorablement reçu par l'administration et par le public commerçant.

Les Rapports qui résument les conclusions du Comité d'enquête, ont pour objet :

A L'IMPORTATION :

I° Les articles de Paris, meubles, objets d'art et articles divers ;

II° Les tissus ;

III° Les vins, liqueurs et conserves.

À L'EXPORTATION :

IV° Les cotons ;

V° Les tabacs, céréales, peaux, merrains, bois de construction et articles divers.

Enfin,

VI° La navigation et les assurances maritimes ;

VII° L'immigration.

Ces rapports ont été examinés et discutés, au Consulat de France et sous la présidence du Consul gérant, par un Comité composé de quatorze personnes choisies dans l'élite du commerce français. Les membres du Comité et le Consul ont fait largement appel aux lumières des négociants de notre nation établis dans la ville ; ils ont rencontré dans notre colonie, dont l'esprit est excellent, tout le bon vouloir sur lequel ils avaient compté.

La Nouvelle-Orléans, ville autrefois française, a gardé à la mère-patrie beaucoup d'attachement. Malgré l'influence américaine et l'éloignement, nos goûts et nos idées s'y sont maintenus. Quand la Louisiane aura surmonté les difficultés politiques et sociales contre lesquelles elle lutte aujourd'hui, nul doute que la métropole du Sud, centre naturel de contrées si heureusement dotées sous tous les rapports, n'offre au commerce de l'Europe et surtout au commerce français, d'immenses débouchés. Dès à présent, la Nouvelle-Orléans constitue, même en dehors de son marché cotonnier, un centre d'affaires extrêmement intéressant et dont les nombreuses ressources méritent d'être bien connues.

Paris, ce 20 septembre 1876.

Vicomte Paul D'ABZAC,

Consul de France,

Ex-Gérant du Consulat de la Nouvelle-Orléans.

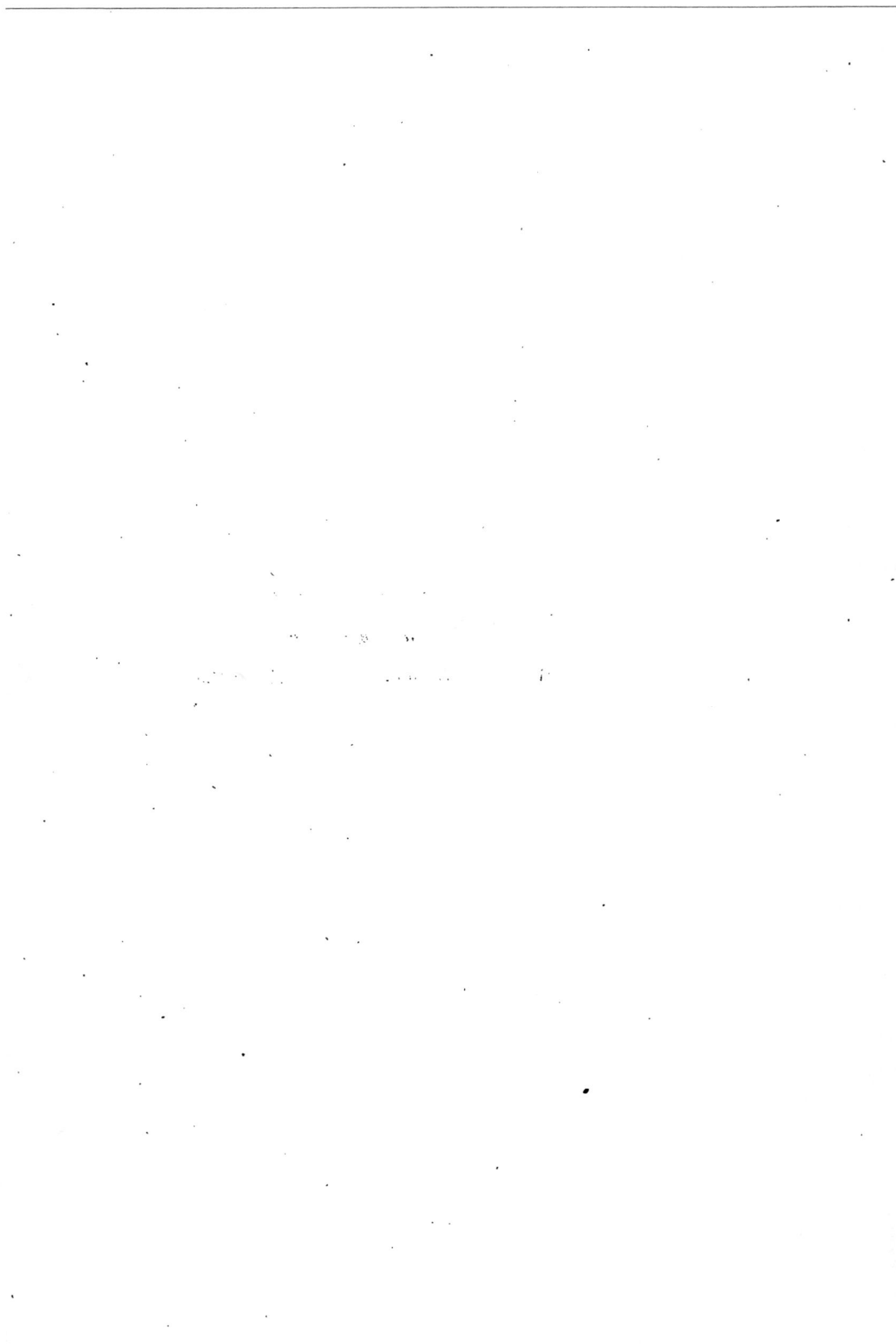

LISTE

DES

MEMBRES DU COMITÉ D'ENQUÊTE

Vicomte PAUL D'ABZAC, Président.

MAIGNAN (Vᵒʳ), négociant, chevalier de la Légion d'honneur.

CARRIÈRE (A.), négociant, commissionnaire.

LIMET (F.), directeur-propriétaire de l'*Abeille*, de la Nouvelle-Orléans.

POUTZ (P.), négociant-commissionnaire.

LARUE (EDG.), ancien négociant, président de l'Union française.

GRAND (L.), négociant, agent de la Compagnie générale transatlantique.

BAYLE (J.), importateur d'articles de Paris.

MERILH (E.), négociant-commissionnaire (maison A. Rochereau et compagnie).

SÉGUIN (J.-B.), ex-lieutenant de vaisseau, chevalier de la Légion d'honneur.

COUTIN (A.), négociant.

TUJAGUE (F.), importateur d'articles de modes.

LABORDE (F.), négociant.

DE GAS (R.), négociant.

VALLON (L.), courtier de change.

LISTE

DES

NÉGOCIANTS ET RÉSIDENTS FRANÇAIS DE LA NOUVELLE-ORLÉANS

QUI ONT PARTICIPÉ A L'ENQUÊTE

ALLGEYER (E.), négociant-acheteur de coton.

BAYLE (Jos), importateur de mercerie.

BERGIER (O.), négociant-commissionnaire.

BERTHIN (J.), Boucher.

BILLARD (H.), libraire.

BOBET (A.), négociant, bois et merrains.

BOÉ (P.), agent de propriétés.

BOIS (O.), négociant, (maison Queyrouze et Bois).

BOISSONNEAU (P.), marchand tailleur.

BOLECH (E.), négociant en bois et merrains.

BONNET (A.), bijoutier.

BOUVIER (N.), parfumeur.

BRIÈRE (TH.), courtier de sucre.

BRULATOUR (P.-E.), négociant-commissionnaire.

CAMORS (J.-B.), négociant en farines.

CARRIÈRE (ANTOINE), négociant-commissionnaire.

CARRIÈRE (OLIVIER), négociant-commissionnaire.

CARRIÈRE (ÉMILE), négociant-commissionnaire.

2

CARRIÈRE (CHARLES), négociant-commissionnaire.

CARROUCHÉ (A.), pharmacien.

CASSANDRE (F.), négociant en vins.

CHAFFRAIX (D'A.), négociant en sucre.

CHARPAUX (F.), marchand de musique.

COLLIGNON (G.), professeur de musique.

CORNIBÉ (J.), armateur.

COUTIN, négociant.

CRABITÉS (P.), négociant (maison A. Rochereau et compagnie).

COUTURIÉ (A.), négociant en vins.

DAGORET (A.), modes et confections.

DAMIENS (H.), importateur d'articles de Paris (maison T. Moreau).

DAVID (Jos), négociant en riz.

DELPIT (A.), fabricant de tabac.

DESCA (J.), fabricant de tabac.

DESCHAMPS (E.,) négociant en vins.

DOUSSAN (H.), parfumeur.

DUBOIS (E.), négociant-commissionnaire.

DUGAZON (C.-T.), négociant (maison A. Rochereau et compagnie).

DUPAQUIER (A.), docteur en médecine.

DUVAL (E.), courtier de coton.

FAGET (C.), docteur en médecine, chevalier de la Légion d'honneur.

FERRANDOU (A.), importateur de draperies.

FORRESTIER (A.), négociant, acheteur de coton.

FOULON (C.-V.), notaire.

FOURNIER (S.), horloger-mécanicien.

FURTON (C.), arrimeur.

GALIXIER (J.), négociant en modes.

GAS (RENÉ DE), négociant.

GÉRARD (AR.), ingénieur.

GIROD (Jos), propriétaire, président honoraire de la Société Française.

GOUCHAUX (LÉON), fabricant de vêtements.

GRAND (L.), négociant, agent de la Compagnie Générale Transatlantique.

GRANGER (A.), secrétaire de l'Assurance du Peuple.

GUÉBLÉ (F.), importateur d'articles de Paris (maison Guéblé et Nippert).

HOPKINS (R.-Y.), courtier maritime.

JANIN (A.), avocat.

JAS (A.), pharmacien.

JAUBERT (C.), négociant en étoffes.

JAUFROID (F.), négociant en mercerie.

JOUBERT (L.), courtier de change.

LABORDE (F.), négociant.

LACASSAGNE (L.), négociant-commissionnaire.

LADEBAT (René LAFFON DE), négociant en coton.

LARUE (E.), ancien négociant, président de l'Union Française.

LARUE (F.), négociant, acheteur de coton.

LEBLANC (J.), marchand d'habillements.

LEFRANC (E.), planteur.

LEISY (J.), négociant, acheteur de coton.

LEVOIS (J.), négociant en nouveautés, membre de la Chambre de Commerce et de la Chambre des Exportations de Paris.

LÉVY (I.), bijoutier.

LIMET (F.), directeur-propriétaire de l'Abeille de la Nouvelle-Orléans.

LOISEAU (H.), licencié ès lettres.

LOMBARD (J.), avocat du consulat de France.

MAIGNAN (Vor), négociant, acheteur de coton et de tabac, chevalier de la Légion d'honneur.

MALLARD (P.), meubles de luxe et objets d'art.

MAYLIE (G.), président de la Société des Bouchers.

MÉDAL (L.), fabricant de confiserie.

MERILH (ERNEST), négociant (maison A. Rochereau et Cᵉ).

MERILH (EDMOND), négociant en crépins.

MOLINIER (E.), importateur de nouveautés.

MONDIEGHT (J.-B.), caissier de la Banque des Travailleurs.

NEYREY (A.), importateur de mercerie.

NIPPERT (V.), importateur d'articles de Paris.

PIERRE (LÉON), négociant en vins.

PLASSAN (S.), négociant.

POINCY (A.), négociant en farine.

POUTZ (P.), négociant, acheteur de coton.

PUECH (E.), courtier de coton.

QUESNAY (du) père (C.), ancien chancelier substitué du consulat de France.

QUEYROUZE (LÉON), négociant, (maison Queyrouze et Bois).

REISS (J.), fabricant de confiserie.

ROBERT, avocat.

ROCHEREAU (A.), négociant (maison Rochereau et Cᵉ).

ROUYER (C.), orfèvre

SALOY (B.), capitaliste.

SARRAZIN (J.-P.), fabricant de tabac.

SÉGUIN (J.-B.), ex-lieutenant de vaisseau, chevalier de la Légion d'honneur.

SCHWEITZER (J.), président de la Société de Bienfaisance Française.

SHEIBECKER, constructeur mécanicien.

SPOR (J.-G.), négociant en groceries (denrées).

TARDOS (J.-G.), négociant, commissionnaire.

TISSOT (J.-L.), avocat.

TOUATRE (J.), docteur en médecine.

TUJAGUE (F.), importateur d'articles de modes.

UTER (L.), importateur de glaces et cadres.

VALLÉE (Rév. P.), curé de Carrollton.

VALLON (L.), courtier de change.

VERNEUIL (C.), président de la Société Française de Jefferson.

VERGNIOLE (M.), négociant en vins.

WAIZ (A.), marchand de bière.

IMPORTATIONS

OBSERVATIONS GENERALES

Sur la situation au commerce d'importation à la Nouvelle-Orléans.

La recherche des causes qui nuisent au progrès des relations commerciales entre la France et la Nouvelle-Orléans, conduit forcément à une comparaison entre la situation passée du commerce français sur cette place, et sa situation présente. La comparaison est loin d'être à l'avantage de cette dernière, car, depuis quelques années, les importations de presque toutes les marchandises françaises ont diminué dans des proportions plus ou moins considérables.

Cette diminution est due à des causes locales et à

causes générales que nous allons successivement exposer.

Les marchandises de provenance française, surtout les articles de luxe, trouvaient, avant la guerre de la sécession, un placement facile, principalement dans la population franco-louisianaise de la ville et des campagnes, alors riche et prospère. Or, c'est cette population qui a été le plus particulièrement atteinte par la ruine dont a été frappée l'industrie agricole sucrière à la suite de la guerre de la sécession et de l'émancipation. Tandis que la culture du coton dans les Etats du sud a pu se relever et parvenir à donner des récoltes aussi fortes qu'avant la guerre, celle de la canne à sucre en Louisiane est restée en souffrance, malgré tous les sacrifices faits pour lui rendre son ancienne importance. On peut dire que dans la population louisianaise d'origine française et parmi les résidants français, les fortunes n'ont pas été déplacées, elles ont été détruites. Cet état de chose tient à des causes politiques et autres, dans le détail desquelles nous n'avons pas à entrer ici. Si à la gêne et à la misère qui se font actuellement sentir d'une façon si cruelle à la Nouvelle-Orléans et dans toute la Basse Louisiane, venait à succéder une situation meilleure, il n'est pas douteux qu'une amélioration sensible ne tarderait pas à se produire dans la vente des articles d'importation française à la Nouvelle-Orléans, en dépit des causes d'un autre ordre qui ont nui et qui nuisent encore à l'extension des affaires entre ce port et la France, causes que nous allons maintenant examiner.

Ces causes peuvent être classées comme suit : 1 l'ins-

tabilité de la valeur de la monnaie légale du pays ;
2° l'augmentation des droits de douane, 3° le développement pris par certaines branches d'industrie américaine
ou la création d'industries nouvelles.

L'instabilité de la valeur de la monnaie légale des
États-Unis est une des plus grandes sources d'embarras
pour le commerce d'importation, car elle rend presqu'impossible d'établir à l'avance des prix de revient. On sait
que les droits de douane doivent être payés en or, tandis
que la monnaie courante du pays consiste en billets des
États unis, ou en billets des banques nationales dont la
valeur comparée à celle de l'or subit des fluctuations
constantes. Le négociant qui fait une commande en
France ne peut donc savoir, à l'avance, à quel taux sera
l'or, lorsqu'il devra en acheter pour acquitter les droits
de douane à l'arrivée de la marchandise. Le change qu'il
doit se procurer pour faire des remises à ses expéditeurs, .
indépendamment des fluctuations ordinaires résultant de
la proportion des offres aux demandes subit naturellement l'influence des variations du cours de l'or. L'importateur se trouve donc exposé à une double incertitude et
à un double désappointement dans ses prévisions, car il
ne peut, en général, modifier ses prix de vente de façon
à ce qu'ils correspondent avec les variations dans le taux
de l'or. Tandis qu'il paye le prix de la marchandise, le fret
et les droits de douane sur le pied de l'or et à des taux
différents, il ne reçoit que du papier monnaie, dont la
valeur varie pendant toute la période nécessaire à i écoulement de ses marchandises.

Sans remonter au-delà des deux dernières années, les chiffres suivants donneront une idée des écarts que subit le cours de l'or. Le 2 septembre 1873, à l'ouverture de la saison commerciale 1873-1874, l'or était à 115 3/4 et par suite de la grande crise financière de New-York, il était tombé le 4 novembre à 106 1/2 ; le 7 avril 1874 il était remonté à 113 1/8. Nous le retrouvons le 4 septembre 1874 à 109 1/2 et le 2 juillet suivant à 117 1/8.

Personne ne peut prévoir la limite de ces écarts sous l'empire de crises financières comme celles qui se produisent presque périodiquement aux Etats-Unis et avec les perturbations constantes dues aux manœuvres des agioteurs Cette incertitude oblige les importateurs à une grande circonspection, surtout pour les marchandises qui ne sont pas d'un écoulement immédiat et rapide.

Les États-Unis qui avaient avant la guerre de sécession un tarif très-libéral, ont adopté, dès 1866, une politique de protection. On verra par les chiffres que nous donnons à propos de divers articles, que la plupart des droits sur les articles d'importation française ont été augmentés dans une proportion considérable ; on peut dire qu'en moyenne les droits ont été portés de 30 à 50 0/0.

Mais à la perturbation occasionnée dans les affaires par cette augmentation subite du tarif, est venue s'ajouter l'incertitude résultant de modifications fréquentes dans les droits, qui obligeaient les importateurs à être constamment sur le qui vive. En ce moment encore, le congrès des Etats-Unis est saisi d'une proposition pour la modification du tarif sur un grand nombre d'articles, et

il peut en être de même tous les ans à moins que des
traités de commerce ne viennent rendre les tarifs fixes
pendant un certain nombre d'années.

Sous l'empire des droits protecteurs et quelquefois
prohibitifs inaugurés avec le tarif Morril, de 1866, certaines industries américaines ont pris un essor rapide, et
des industries nouvelles ont été créees. Les produits de ces
industries ont fait naturellement concurrence aux produits
manufacturés de l'étranger. Nous dirons à propos de
chaque article, dans quelle mesure cette concurrence a
réussi. On verra qu'il est quelques articles dont l'importation a complètement cessé, tandis que pour d'autres
elle a simplement diminué.

Quelque rapides qu'aient été les développements de
l'industrie américaine, il lui est encore impossible de suf-
fire aux besoins de la consommation qui a augmenté
aussi considérablement avec l'accroissement de la population, et il serait facile d'étendre d'une manière sensible
les relations commerciales entre les Etats-Unis et la
France, si quelques-unes des causes qui entravent les
affaires d'importation pouvaient être modifiées ou écar-
tées.

Malheureusement il est impossible de dire quand les
Etats-Unis parviendront à rétablir leur système de monnaie légale sur la base de l'or. Bien que tous les partis
affirment leur désir de revenir le plus tôt possible aux
paiements en espèces, rien n'indique qu'ils puissent parvenir à s'entendre prochainement sur ce sujet. Il y a
désaccord même dans le sein des deux grands partis

nationaux, et sur les moyens à employer pour rétablir l'or comme monnaie légale, et sur l'époque à fixer pour arriver à ce grand désideratum. Tout ce que l'on peut espérer dans un temps prochain, c'est l'adoption' de quelque mesure transitoire qui tiendrait à rapprocher de plus en plus la monnaie courante de la valeur du pair avec l'or.

La conclusion de traités de commerce entre les Etats-Unis et les puissances européennes nous parait également très-problématique. Le congrès des Etats-Unis est cependant saisi d'une proposition faite par un représentant du Maryland et dont l'objet est d'examiner s'il serait avantageux pour ce pays d'avoir un traité de commerce avec la France. La proposition a été renvoyée à l'examen du comité sur les affaires étrangères et elle peut aboutir à l'ouverture de négociations à ce sujet. Mais ces négociations nécessiteront de part et d'autre un délai assez long avant qu'une entente soit possible sur les bases et les détails d'un traité. Nous avons dû néanmoins signaler le fait comme une éventualité digne d'être prise en considération.

F. Limet.

ARTICLES DE PARIS, MEUBLES
OBJETS D'ART, ARTICLES DIVERS

PREMIER COMITÉ

MEUBLES. — L'importation des meubles français à la
Nouvelle-Orléans a, pour ainsi dire, complètement cessé,
d'abord à cause de la ruine qui a plus particulièrement
frappé la population d'origine française, et ensuite à
cause de l'établissement à New-York de grandes fabriques d'ébénisterie pour lesquelles on a fait venir des des-
sinateurs, des contre-maîtres et des ouvriers de France
et d'Allemagne, et qui fabriquent des meubles de luxe
et même des meubles de Boule. Les fabriques américaines
ont l'avantage d'avoir en abondance d'excellents bois,
entr'autres le noyer noir. Elles reçoivent les autres bois
de luxe, acajou et palissandre, sans avoir à payer de

droits ; et comme elles sont montées sur une grande échelle avec tous les perfectionnements mécaniques connus, elles ont la supériorité sur les meubles importés qui ont à payer 35 0/0 de droits. Il n'y a plus que l'article vieux chêne qui puisse être encore importé, mais la demande pour cet article est très-limitée.

Les étoffes qu'emploient les tapissiers paient des droits fort élevés, suivant les matières qui entrent dans leur confection, et les passementeries de fabrique américaine bien qu'inférieures, ont presque partout remplacé les passementeries françaises à cause des droits excessifs dont celles-ci sont frappées (60 0/0 pour celles qui sont en soie, et pour les autres, 40 et 50 0/0 *ad valorem* plus 50 cents (un demi dollar) par livre.

PORCELAINES. — Il n'y a pas encore de fabriques de porcelaines aux Etats-Unis. La diminution dans les importations des porcelaines françaises ne doit donc être attribuée qu'à la gêne générale et à l'augmentation dans les droits de douane.

Ces droits qui étaient de 30 0/0 avant 1860, sont actuellement de 45 0/0 pour la porcelaine blanche et de 50 0/0 pour la porcelaine dorée ou décorée.

VERRERIES. — Les verreries unies et coloriées payaient autrefois 30 0/0 ; les droits sont aujourd'hui de 35 0/0 pour les verreries unies et moulées, de 40 0/0 pour les verreries taillées et de 50 0/0 pour les verreries coloriées.

QUINCAILLERIE. — La diminution des importations,

dans cette branche d'affaires, peut être attribuée aux causes générales déjà signalées et à la concurrence de manufactures américaines, qui produisent une partie des articles autrefois importés, et pour certains articles à l'avantage que les fabriques anglaises ont d'avoir des représentants sur la place. Voici les droits comparés pour les principaux articles qui étaient importés avant la guerre de 1861

Tarifs de	1857.	1876.
Fusils de chasse.	24 0/0	35 0/0
Capsules de chasse.	24 0/0	40 0/0
Serrures.	24 0/0	35 0/0
Ferblanterie pressée :		
(Article Japy).	24 0/0	35 0/0
Limes.	24 0/0	30 0/0 ad valorem.
		7 mc. et 6 et 10 cents par livre.
Toiles métalliques.	24 0/0	45 0/0
Cuillères et fourchettes		
(Fer étamé).	24 0/0	35 0/0
Zinc en feuilles.	12 0/0	2 1/4 c. par livre.
Autres articles en fer		
manufacturé.	24 0/0	45 0/0

Malgré l'augmentation des droits, les articles français suivants peuvent encore se placer avantageusement sur le marché : serrurerie, cuillères et fourchettes, toiles métalliques, zinc en feuilles, lames de faux, limes, capsules de chasse, ainsi que divers articles de fer étamé.

L'importation des fusils de chasse a presque entièrement cessé, les articles d'Angleterre et de Belgique convenant mieux comme prix et qualité au marché.

L'établissement à New-York de l'usine Lalance et Grosjean (ferblanterie pressée) a presque supprimé depuis cinq à six ans l'importation de l'article Japy.

L'importation de la quincaillerie française, à la Nouvelle-Orléans, ne dépasse guère annuellement quatre-vingt à cent mille francs et l'avis de quelques négociants est que ce chiffre pourrait être augmenté facilement, si les manufactures françaises avaient des représentants ici et si elles pouvaient offrir les mêmes avantages de crédit que les manufactures anglaises.

GLACES, CADRES, GRAVURES. — Il y a déjà une manufacture de glaces aux Etats-Unis, elle est établie dans l'Indiana. La production est limitée et ses produits inférieurs aux glaces importées, mais grâce au tarif, elle peut les livrer à 10 0/0 meilleur marché. Le droit qui était autrefois de 30 0/0 a été remplacé par un droit proportionnel à la grandeur qu'on peut considérer comme étant de 45 0/0 plus élevé que l'ancien, surtout pour les glaces de grandeur au-dessus de 24 par 60 pouces. Tous les miroirs encadrés payent en outre 30 0/0 pour les cadres. La fabrication des cadres se fait maintenant aux Etats-Unis sur une grande échelle et l'importation a cessé.

Les droits sur les gravures et lithographies, coloriées

ou non, ont été augmentés et sont de 15 0/0 plus élevés qu'avant la guerre.

HORLOGERIE, BIJOUTERIE, ORFEVRERIE, OBJETS D'ART. — Avant la guerre, la bonne horlogerie s'importait sur une grande échelle, mais l'augmentation des droits a réduit presqu'à rien cette branche d'affaires. Les droits sur les montres ont été élevés de 10 à 25 0/0, et ceux sur les pendules de 35 à 50 0/0. Une pendule en marbre avec sujet en bronze doit payer 35 0/0 sur le mouvement, 40 0/0 sur le marbre, et le sujet en bronze ou imitation qui était exempt comme objet d'art, est taxé aujourd'hui à 50 0/0.

L'importation sur la bijouterie a presque entièrement cessé, comparée avec ce qu'elle était il y a vingt ans par suite des tarifs élevés qui frappent les métaux précieux et qui s'ajoutent au coût de ces métaux en France. Tous les articles en or payent 40 0/0. Le tarif sur les diamants et autres pierres précieuses, en encourageant la contrebande, a presque annulé les importations.

On peut appliquer à l'orfévrerie ce qui a été dit de la bijouterie.

Les maisons de la Nouvelle-Orléans qui importaient autrefois tous leurs articles de plaqué, n'en importent plus du tout.

L'élévation des droits (35 0/0) a fait remplacer l'article importé par un article de qualité inférieure fabriqué aux Etats-Unis, mais qui peut se vendre meilleur marché.

Il n'y a pas aux Etats-Unis de manufacture d'objets

d'art et de fantaisie, mais l'élévation des droits a considérablement réduit l'importation de ces objets.

MUSIQUE et INSTRUMENTS. — Les différences dans les droits depuis 1861 n'ont eu que peu d'influence sur le mouvement des affaires. L'impression de la musique aux Etats-Unis a pris assez d'extension depuis quelques années, mais pas de façon à nuire aux importations.

Il s'est établi beaucoup de manufactures de pianos depuis quelques années aux Etats-Unis, mais d'un autre côté la consommation a beaucoup augmenté. Les pianos des facteurs français sont toujours préférés par la clientèle louisianaise, et malgré le tarif de 30 0/0, ils peuvent se vendre meilleur marché que ceux des facteurs américains réputés. S'il y a eu une diminution dans les importations, cela n'est dû qu'à la pénurie générale qui a restreint les affaires.

LIBRAIRIE, PAPETERIE, PAPIERS PEINTS. — Le mouvement dans les affaires de librairie a été considérablement réduit depuis quelques années. Cela a été dû au mauvais état général des affaires, à la diminution progressive de l'usage de la langue française en Louisiane, à l'abandon de l'étude du français dans les écoles publiques et à l'élévation des droits de douane qui ont été portés de 10 à 25 0/0.

Les importations en papeterie, registres et articles de bureau sont nulles ou presque nulles par suite du tarif de 35 0/0 et du perfectionnement et de la réduction des prix de la fabrication américaine.

Les papiers peints français étaient autrefois presque exclusivement employés ici. L'importation en est devenue nulle ou insignifiante. Une grande amélioration dans la fabrication américaine a permis de vendre ces articles à des prix inabordables pour les articles importés, grevés de 35 0/0 de droits, surtout pour les qualités ordinaires et moyennes. Il n'y aurait pas de vente en ce moment pour les papiers de luxe.

PARFUMERIE, GANTS, JOUETS. — La parfumerie française est toujours estimée à cause de sa supériorité sur la parfumerie américaine, mais l'élévation des droits en restreint beaucoup la vente.

La parfumerie paye 50 0/0 *ad valorem* et les articles contenant de l'alcool, payent, outre ces 50 0/0, trois dollars par gallon, ce qui porte les droits à plus de cent pour cent.

La fabrication des gants a pris un grand développement aux Etats-Unis, grâce au tarif protecteur qui est de 50 0/0 sur les gants de peau, de 60 0/0 sur les gants de soie, tandis que les gants de drap et de laine, payent outre 50 0/0 *ad valorem*, 50 cents (sous) par livre.

Les parapluies qui payaient autrefois 30 0/0 sans distinction, payent aujourd'hui 60 0/0 quand ils sont en soie.

Les jouets français ordinaires ne peuvent lutter pour le bon marché avec les jouets allemands; et les jouets mécaniques américains se vendent à des prix qui ne permettent pas l'importation des jouets mécaniques français.

3

PHARMACIE, PRODUITS CHIMIQUES. — La supériorité incontestable des articles et produits de la pharmacie française, leur assurerait un débit considérable dans ce pays, s'ils n'avaient à soutenir la concurrence des produits américains protégés par le tarif et des produits inférieurs, mais à meilleur marché, d'importation allemande.

La fabrication de certains produits chimiques s'est beaucoup développée aux Etats-Unis, et elle s'est aussi améliorée. Néanmoins les importations de la pharmacie française et des préparations brevetées, se font encore régulièrement dans une certaine proportion et elles augmenteraient rapidement avec une reprise générale des affaires, en dépit des droits de douane et de la concurrence américaine et allemande.

Nouvelle-Orléans, 3 avril 1876.

         FÉLIX LIMET, vice-président du 1er comité,
         F. LABORDE.

TISSUS

DEUXIÈME COMITÉ

Tissus (*Draperie, toiles, lainages,* etc.). — Dans la période qui précéda la guerre civile aux Etats-Unis, c'est-à-dire jusqu'en 1860, on constatait chaque année une augmentation sensible dans les importations françaises en Louisiane. Depuis cette époque, on les voit diminuer graduellement en raison de l'appauvrissement du pays par la guerre et de l'augmentation des droits d'entrée.

Cette observation, qui comprend à divers degrés l'ensemble des articles d'importation, s'applique plus spécialement aux tissus comme ayant plus gravement souffert du nouvel état de choses. On les a remplacés par des produits inférieurs d'autres provenances. Les Américains eux-mêmes alimentent en partie leurs marchés par leur fabrication. Mais, avec un retour à l'ancienne prospérité

et une réduction des droits, les tissus français retrou-
veraient toute leur vogue. Dès que leur prix de revient
ne sera plus un obstacle, on les verra, comme autrefois,
disputer avec succès le marché aux produits similaires
étrangers et commander un grand écoulement, car ils
sont généralement supérieurs aux articles semblables
d'importation européenne ou de fabrication indigène, et,
à prix égal, ils devraient toujours leur être préférés.

Dès aujourd'hui, nos manufacturiers auraient intérêt
à appeler l'attention des consommateurs américains sur
les points suivants :

1° La supériorité des matières premières employées en
France ;

2° La proportion loyale de nos mélanges ;

3° Le poids de nos tissus et le nombre de fils pour une
surface donnée d'étoffe ;

4° L'excellence de nos procédés de fabrication, ayant
pour résultat la durée et la qualité des produits ;

5° La nécessité d'adopter un étalon de mesure de
surface, afin d'établir le prix de revient des divers tissus.

Au point de vue de la qualité, nous ferons cependant
une exception pour l'article Roubaix ; à prix égal, il est
généralement moins bon que les mêmes articles de provenance étrangère, allemande, belge ou américaine. Il
y a là, croyons nous, une infériorité qui rejaillit plus ou
moins sur les tissus de qualité supérieure provenant
d'Elbeuf, de Sedan, ou de toute autre grande fabrique
française.

Nous ne condamnons pas sans retour la fabrication de

l'article bon marché. Mais, désirant mettre le commerce français dans les meilleures conditions de concurrence sur la place américaine, nous ne voudrions pas compromettre le succès de nos importations, en présentant aux acheteurs quelques produits qui nuisent indirectement aux manufactures hors ligne que nous avons en France.

Pour favoriser la lutte dans l'avenir, nous proposons l'envoi à la Nouvelle-Orléans et à New-York d'échantillons de tous les articles tant français qu'étrangers, avec l'indication des prix et des mesures (prix de gros, prix de détail , mesures ramenées au mètre) et les droits de douane américaine en regard.

BONNETERIE. — L'article français en bas et chaussettes obtient, quant au prix et à la qualité, une faveur générale. Il est à regretter que l'emballage, qui joue un rôle considérable dans la vente, laisse à désirer comme élégance. Il importerait, tout en conservant un type spécial, de parvenir à rivaliser sur ce point avec les Allemands et les Anglais.

Dans les qualités ordinaires, leurs produits ont plus d'apparence que les nôtres et trouvent plus d'écoulement ; mais ils sont menacés d'être supplantés à leur tour par les produits similaires américains, qui commencent à prendre sur le marché.

MERCERIE. — Tous les articles français de cette catégorie peuvent lutter avec avantage contre la concurrence étrangère. Pour en développer la vente, il ne s'agirait que de les faire représenter sur le marché en plus grande quantité et de les faire mieux connaître.

CHAPELLERIE. — Avant la guerre de sécession, la Nouvelle-Orléans était la seule ville des Etats-Unis où l'importation de la chapellerie française se pratiquât sur une échelle de quelque importance. Les chapeaux de feutre, à eux seuls, figuraient, dans l'ensemble, pour une valeur de 200,000 dollars (1 million de francs). On importait aussi des chapeaux de soie et des fournitures, mais trèspeu de matières premières ; et ce fait s'explique par l'absence de fabriques dans cette ville.

Lorsque la guerre éclata , la Nouvelle-Orléans avait établi, avec les grandes villes de l'Ouest, des relations qui lui permettaient, à bref délai, un chiffre considérable d'affaires et le monopole à peu près exclusif de la vente de la chapellerie française aux Etats-Unis. Le désarroi général produit dans les Etats du Sud par la guerre civile, l'augmentation des droits d'entrée, mais surtout la prime de l'or qui, pendant quelques années, fut énorme, vinrent arrêter cet élan et réduire à des proportions très-limitées la demande de ces articles. A ces causes, il faut ajouter les progrès faits par les fabricants américains, surtout dans les chapeaux de soie ; progrès qui leur ont permis, grâce aux droits protecteurs, de lutter avec avantage contre la concurrence française. Depuis dix ans, l'importation des chapeaux est insignifiante ; on peut même assurer qu'elle a complètement cessé depuis 1870.

La situation actuelle peut se résumer ainsi : de 30 0/0

ad valorem, les droits, par les modifications du tarif, se
sont élevés : pour les chapeaux de feutre à 35 0/0 ; pour
ceux de paille, à 40 ; pour ceux de soie, à 60 ; et ces
droits s'aggravent de la prime de l'or sur le greenback,
qui est aujourd'hui de 14 0/0.

Avec un retour à l'ancien tarif de 30 0/0, on pense que
le courant d'importation se rétablirait rapidement; et cette
opinion est fondée sur la supériorité des produits français.

ARTICLES DE MODES. — L'état précaire des affaires en
Louisiane, oblige la Nouvelle-Orléans à s'approvisionner
à New-York. L'exiguïté des ventes rend impossible l'importation directe sur une échelle de quelque importance.
Presque toutes nos maisons où se trouvent représentés
ces articles, achètent à New-York par quantités limitées
pour leurs besoins immédiats, et renouvellent leur stock
au fur et à mesure de leurs ventes. Leurs commandes
par télégraphe leur parviennent en quatre ou cinq jours.
Ces maisons peuvent ainsi éviter de s'encombrer, à l'entrée des saisons d'affaires, d'une trop grande quantité de
marchandises; et trouvent dans ce fait une compensation
aux prix élevés qu'elles payent à New-York pour des articles français. Mais, avec des temps meilleurs, la consommation s'augmentant en Louisiane, l'importation directe reprendra son cours; et cette population, dont les
goûts sont essentiellement français, redeviendra notre
bonne cliente d'autrefois. En attendant, c'est à New-York
qu'il faut étudier le mouvement des articles de modes.

Soieries en pièces. — A l'abri des droits protecteurs, la fabrication des soieries aux Etats-Unis s'est rapidement développée.

Les premiers signes de vie sérieux qu'elle donne, datent seulement de 1859. Quinze ans après, en 1874, elle est représentée par 180 fabriques, employant 14,479 ouvriers des deux sexes, et produisant annuellement une valeur de 20,082,482 dollars. Les soieries en pièce et les rubans comptent 42 manufactures, 4,092 ouvriers et 6,154,313 dollars de produits. Les importations de soie brute, ou matière première, aux Etats-Unis, du 1er juillet 1874 au 30 juin 1875, s'élèvent à 1,101,974 livres en poids.

Les Américains s'attachent généralement à imiter nos produits. Une partie de leurs métiers et leurs principaux ouvriers sont français. Malgré ces éléments de succès, et par une cause que les uns croient trouver dans l'air, et les autres dans l'eau, ils ne réussissent qu'imparfaitement les nuances les plus délicates; ils ne parviennent point, du reste, au fini de nos tissus de Lyon. Toutefois, ils ont réalisé, dans la soierie pour robes, cravates et quelques autres articles, un progrès notable. Dans les rubans ils sont moins heureux.

Ajoutons que la fabrication des soieries aux Etats-Unis semble avoir perdu, depuis trois ans, une partie du terrain qu'elle avait rapidement conquis. Nous voyons, en effet, l'importation de la matière première qui, de 1,757,150 dollars en 1859, s'était élevée à 7,167,534 dollars en 1872, retomber en 1874; à 3,913,243 dollars. Au

30 juin 1875, l'importation de l'année fiscale se chiffrait
par 4,501,809 dollars. Quoique protégée par un tarif exces-
sif contre la concurrence étrangère, cette industrie se
voit arrêtée dans son développement.

Il est vrai de dire que la gêne qui afflige actuellement
le commerce des Etats-Unis n'est pas faite pour ajouter à
ses éléments de prospérité.

Rubans. — La situation des marchés américains, bien
qu'elle se soit quelque peu améliorée depuis l'année
dernière, est défavorable à cet article. On emploie moins
de rubans qu'autrefois dans les modes. Le peu de vente
qu'il s'en fait, porte, à cause du prix, sur les qualités inférieures. On ne demande que du bon marché et un peu
d'apparence ; et nous trouvons dans ce fait et dans l'élévation des droits, l'explication de la vogue des rubans
américains, qui, dans des conditions normales, ne pour-
raient lutter contre les nôtres.

Velours. — Les Allemands produisent un article à bas
prix qui trouve dans les divers marchés américains une
vente considérable. Il serait utile d'appeler sur ce produit l'attention de nos fabricants. Dans les qualités supé-
rieures, on donne partout la préférence aux velours
français. Mais il est à remarquer que, depuis quelques
années, la gêne étant générale dans le pays, on constate
une réduction dans la vente du fin et une augmentation
dans celle du commun.

Crêpe. — Jusqu'en ces derniers temps, le crêpe anglais

· pour deuil, de Samuel Courtauld, de Londres, dominait dans les marchés américains. Il vient de trouver une concurrence sérieuse dans un crêpe fabriqué en France sur la donnée anglaise. Les préférences du commerce sont encore divisées, mais penchent visiblement vers l'article français. Après de pénibles débuts, notre produit a fini par remporter des avantages qui lui promettent, à bref délai, une prépondérance incontestée. C'est, de la part de nos fabricants, un effort qui ne sera pas sans résultats ; et ce fait, pris entre mille, prouve qu'en étudiant les procédés étrangers et en les perfectionnant, notre industrie s'ouvrira des débouchés nouveaux.

Tulles, dentelles, blondes, etc. — Tous ces articles de notre fabrication trouvent autant de vente qu'en comporte l'état actuel du commerce dans le pays.

Fleurs. — C'est à Paris que les Etats-Unis achètent toutes leurs fleurs fines ; mais New-York fabrique une grande quantité de fleurs communes. On compte dans cette ville, 61 fabricants, outre 44 importateurs qui font *monter* des matériaux français. Londres aussi fournit à ce grand marché quelques fleurs en jais et en crêpe pour deuil, mais en petite quantité. Pendant le siége de Paris, les Allemands essayèrent d'introduire à New-York des fleurs de leur façon. Ils en firent des envois considérables. Un insuccès complet fut le résultat de cette entreprise.

Chapeaux pour dames. — On n'importe aux Etats-Unis

qu'une quantité restreinte de chapeaux français et anglais et cette importation se fait principalement en vue de copier les genres. Les Américains excellent dans la fabrication de ces articles en paille et en feutre. Ils tirent leur matériel de paille de Suisse et d'Italie, et le feutre d'Allemagne. On compte, dans les Etats du Nord, 36 manufactures de premier ordre, auxquelles il faut en ajouter plusieurs de moindre importance.

Plumes.—Il y a, à New-York, 35 fabricants de plumes d'autruche et de vautour. On y fait peu de fantaisie. Les Américains achètent généralement à Londres la plume d'autruche à l'état brut, et la travaillent dans leurs ateliers.

F. Tujague, vice-président du 2e comité.

L. Vallon.   J. Bayle.

VINS, LIQUEURS ET CONSERVES

TROISIÈME COMITÉ

La situation financière de la Nouvelle-Orléans étant des plus précaires, le commerce des liquides se ressent du malaise général.

1º Vins en barriques. — Les droits de douane sur les vins dits de cargaison sont actuellement de 48 cents en or par gallon, ou 24 dollars par barrique bordelaise, équivalent à 160 0/0 de la valeur. L'élévation de ces droits a rendu le prix de la barrique si coûteux, environ 50 dollars (monnaie des Etats-Unis), que ce prix est inaccessible aux petites bourses et particulièrement à la population ouvrière d'origine française, qui consommait la plus grande partie de ces vins.

Bordeaux coûtant environ 6 francs la caisse, reviennent, sur notre place, après le payement des droits de douane (1 dollar 60 or), du frêt, de l'assurance maritime, etc. , etc. , à environ 3 dollars 50 en monnaie du gouvernement. Les vins de même qualité, mis en caisse ici, reviennent à bien meilleur marché et font une forte concurrence aux premiers. Le commerce trouve plus d'avantage à importer caisses, bouteilles, bouchons, capsules et accessoires pour la manipulation de ces vins.

3° VINS BLANCS EN BARRIQUES. — La consommation des vins blancs était assez restreinte depuis quelques années à la Nouvelle-Orléans; cependant l'importation n'avait diminué que dans des proportions assez faibles, ces vins étant généralement expédiés dans l'Ouest pour être coupés avec ceux récoltés dans le pays. Nous devons constater que l'augmentation de la production en Californie, et les facilités de communication, depuis la mise en exploitation du chemin de fer du Pacifique, ont fait que les vins de cette provenance peuvent se vendre aujourd'hui dans les grands centres, tels que Saint-Louis, Cincinnati, Chicago, à des prix bien au-dessus de ceux des vins français. Ainsi pendant que les derniers reviennent environ à 55 dollars la barrique, les vins de Californie sont offerts à 50 cents le gallon, soit environ 30 dollars la barrique. Avec un écart aussi grand, il est évident que la consommation doit se porter naturellement sur les vins de cette dernière provenance.

ARTICLES D'IMPORTATION COURANTE

Vins rouges en barriques de Bordeaux
Vins blancs   —   —
Vins en caisses
Vins en barriques de Cette et Marseille
Eaux-de-vie en futailles
Eaux-de-vie en caisses
Champagnes
Vins de Sherry (de Cette)
Vins de Madère   d°
Vins de Porto   d°
Sardines
Huiles d'olive
Fruits au vinaigre, dits salaisons de Marseille
Légumes conservés
Vermouth
Absinthe
Moutarde
Fruits au jus
Vinaigre
Cerises
Savon de Marseille
Pâtes d'Italie
Prunes
Conserves alimentaires.

ARTICLES DONT L'IMPORTATION A DIMINUÉ
SENSIBLEMENT.

1° Vins en barriques.
2° Vins en caisses.
3° Champagnes.
4° Eaux-de-vie.

Sur ce dernier article les droits sont devenus presque prohibitifs depuis dix ans, et la demande s'est ralentie tous les jours, ce qui explique la forte diminution dans les importations. Ainsi, les eaux-de-vie de la Rochelle, coûtant environ de 5 à 7 francs le gallon, payant 2 dollars en or de droits de douane, ne peuvent se vendre au-dessous de 4 doll. 50 « currency », prix encore trop élevé pour être d'une vente facile; puis la population d'origine américaine qui consommait la plus grande partie de cet article, a été habituée depuis quelques années à boire du « whisky » fabriqué dans le pays et dont le coût variait de 2 à 4 dollars. L'appauvrissement du pays est également cause d'une grande diminution sur la consommation des eaux-de-vie.

5° *Liqueurs.* — Cet article n'est plus en demande comme autrefois. De meilleures distilleries ou fabriques ayant été montées à la Nouvelle-Orléans, sont arrivées à force de travail à produire de bonnes qualités moyennes, a des prix moins élevés que celles manufacturées en

France, et ne laissant place qu'à des liqueurs très-fines dont les qualités ne peuvent s'imiter, et dont la consommation va tous les jours en diminuant.

QUESTION DES ENTREPOTS.

Les articles que nous traitons, quand on les entre dans les dépôts de douane, sont jaugés à l'arrivée dans le port, et les droits sont perçus sur la quantité reconnue à l'entrée, si ces articles sont retirés pour être consommés dans le pays. Il est même arrivé, il n'y a pas longtemps, que pour des eaux-de-vie entreposées en douane et dont le terme de trois ans était expiré, certains consignataires, afin d'éviter de payer des droits additionnels, ont préféré réexpédier les marchandises en Europe. La douane a exigé qu'on payât la différence de jauge établie entre l'entrée et la sortie, quoique ayant eu sous son contrôle ces marchandises pendant leur séjour ici. En un mot, l'évaporation qui s'était produite pendant ce temps a été réclamée par les autorités des États-Unis. Il a fallu s'adresser à Washington pour le redressement de ces exigences, et justice a été rendue aux consignataires.

4

TARIF DES ENTREPOTS.

Le tarif ci-après est celui établi par la Chambre de commerce de la Nouvelle-Orléans :

				Magasinage	et travail.
Eaux-de-vie en pipes par mois				60 c.	20 c.
«	1/2	«	«	30 «	10 «
«	1/4	«	«	20 «	10 «
«	1/8	«	«	15 «	6 «
Vins en pipes			«	60 «	20 «
« en barriques			«	30 «	10 «
« 1/2	«		«	15 «	6 «
« en caisses			«	2 1/2	2 1/2
Champagnes en caisses			«	4 «	3 «
« en paniers			«	4 «	3 «

Quoique ce tarif soit adopté par ladite Chambre de commerce, quelques entrepôts font retour de 25 0/0 sur les prix du magasinage des vins en barriques et demi-barriques seulement.

RÈGLEMENTS DE LA DOUANE.

L'entrée des marchandises se fait en douane sur la production de la facture consulaire et du connaissement. Les droits se paient comptant en or, selon le tarif, sur la totalité de la contenance des futailles, caisses, etc., etc., et ces droits sont liquidés plus tard sur la jauge reconnue au débarquement.

Sur les vins de champagne, la douane exige le payement des droits de la facture selon l'expédition faite au port français d'embarquement.

TARIF DES DROITS D'ENTRÉE.

Vins en barriques, 40 cents par gallon en or.

Vins en caisses, 1 dollar 60 cents par caisse, or.

Champagne, 6 dollars or, par panier, moins 5 0/0 pour casse, plus 3 cents par bouteille.

Eaux-de-vie, 2 dollars or, par gallon, et quand le coût facturé est au-dessus de 4 dollars par gallon, 50 0/0 *ad valorem.*

Ce tarif s'applique aux eaux-de-vie de 100 degrés de preuve; il y a 2 cents de plus par chaque degré additionnel.

DROITS DE DOUANE.

AVANT 1861		DROITS ACTUELS.
Vins en futs...	40 0/0 (ad valorem)	40 cents par gallon.
— en caisses.	40 0/0 —	1 dollar 60 cents par caisse de 12 bouteilles.
— de Cham-pagne..	40 0/0 —	6 dollars par panier de 12 bou-teilles.
Eaux - de - vie, kirsch, absin-the et liqueurs	100 0/0 —	2 dollars par gallon de 100° et 2 cents par degré en sus.
Fruits à l'eau-de-vie, cerises	40 0/0 —	35 0/0, verre en sus.
Fruits au jus..	20 0/0 —	25 0/0
— au vinaigre	30 0/0 —	35 0/0
Vinaigre.. ...	30 0/0 —	10 cents par gallon.
Bouchous.....	30 0/0 —	30 0/0
Sardines à l'huile......	40 0/0 —	15 cents par boîte ; 7 1/2 par demi ; 4 cents par quart.
Huile d'olive..	30 0/0 —	1 dollar par gallon.
Savons........	30 0/0 —	1 cent par livre et 30 0/0.
Conserves.....	40 0/0 —	35 0/0.

Nous ferons observer que le franc qui jusqu'en 1874, était calculé à une valeur de 18 6/10, a été élevé depuis cette époque à 19 30/.

A. CARRIÈRE, vice-président du 3e comité,

V. MAIGNAN,   E. MERILH.

EXPORTATIONS

COTONS

QUATRIÈME COMITE

Dans le tableau ci-contre on trouvera le chiffre des récoltes aux Etats-Unis, les recettes propres à la Nouvelle-Orléans, les expéditions directes de ce port sur la France et leur percentage par rapport aux recettes, et enfin le prix moyen du coton pendant les deux mêmes périodes de temps.

L'année commerciale cotonnière commence le 1er septembre.

Années	Récolte totale.	Recettes à la Nouvelle-Orléans.	Expéditions de la Nouvelle-Orléans sur la France.	Percentage des exportations sur les recettes à la Nouv.-Orl.	Prix du Low Middg. en cents.		
					Plus haut.	Plus bas.	Moyenne.
1851-52	3.126.310	1.429.183	196.254	13^{75}	8 3/4	6 1/2	7 5/8
1852-53	3.416.214	1.664.864	211.526	12^{70}	9 1/2	7 1/2	8 1/2
1853-54	3.074.979	1.440.779	193.571	13^{45}	10 1/4	7	8 5/8
1854-55	2.982.634	1.284.768	178.823	13^{92}	11	7	9
1855-56	3.665.557	1.759.293	244.814	13^{91}	10 1/2	7 1/2	9
1856-57	3.093.737	1.513.247	258.163	17^{06}	14 3/4	10 1/2	12 5/8
1857-58	3.257.339	1.678.616	236.596	14^{09}	16	7 1/2	11 3/4
1858-59	4.018.914	1.774.298	256.447	14^{45}	12	10	11
1859-60	4.861.299	2.235.448	313.291	13^{69}	10 1/2	8	9 1/4
1860-61	3.849.469	1.849.312	388.925	21^{03}	12	8 1/4	10 1/8
1865-66	3.277.683	787.386	124.510	15^{81}	54	32	43
1866-67	2.232.660	780.490	160.852	20^{60}	36	24	30
1867-68	2.599.241	668.395	147.120	22^{01}	30	14	22
1868-69	2.433.770	841.246	165.282	19^{76}	31	22 1/2	26 3/4
1869-70	3.114.592	1.207.333	259.223	21^{47}	25	16 1/2	20 3/4
1870-71	4.347.006	1.548.136	119.171	7^{09}	19	12 1/2	15 3/4
1871-72	2.974.351	1.070.239	140.666	13^{14}	24 1/2	17 1/2	21
1872-73	3.874.559	1.407.821	194.088	13^{78}	20	17	18 1/2
1873-74	4.170.388	1.359.896	249.980	18^{58}	18 3/4	13 3/4	16 1/4
1874-75	3.827.845	1.157.597	250.528	21^{64}	16	14	15

Le tableau ci-dessus indique que les exportations pour la France tendent à augmenter, c'est-à-dire que leur percentage sur les recettes totales de la Nouvelle-Orléans, devient plus fort d'année en année. Ce n'est que pendant les moments de crise financière ou de guerre européenne que nous voyons le percentage diminuer ou rester stationnaire. Ainsi, les années 1857 à 1859 coïncident avec la forte crise monétaire à Londres et sur le continent et avec la guerre d'Italie. Enfin, la guerre franco-allemande de 1870 à 1871, a également nui considérablement aux expéditions directes sur la France, et c'est à elle que nous attribuons les petits chiffres qui figurent sur le tableau pour cette année-là.

Depuis lors, les exportations ont repris leur mouvement ascensionnel ; et, pour la dernière année de la seconde période, on peut constater de nouveau le chiffre de 250,000 balles, voire même le plus fort percentage des recettes de la Nouvelle-Orléans.

Le comité espère qu'à l'avenir les exportations de coton sur la France ne feront que croître. Il serait positivement assuré de ce fait, si les chemins de fer français consentaient à une réduction dans leurs tarifs de transit, qui les ramenât à la parité de ceux des pays limitrophes, savoir : la Belgique, la Hollande et l'Allemagne. Le Havre est le port de transit naturel pour la Suisse, l'Alsace et l'Allemagne du Sud, et néanmoins les marchandises prennent souvent la route d'Anvers, d'Amsterdam et de Brême, afin d'éviter les hauts tarifs imposés par le monopole des chemins de fer français.

Nouvelle-Orléans, 17 avril 1876.

PIERRE POUTZ, vice-président du 4ᵉ comité.

E. ALLGEYER,   R. DE GAS.

TABACS, CÉRÉALES, PEAUX
MERRAINS, BOIS DE CONSTRUCTION
ET ARTICLES DIVERS

CINQUIÈME COMITÉ

Pour constater l'état actuel du commerce d'exportation de la Nouvelle-Orléans avec la France, au point de vue spécial de l'intérêt français, il faut si l'on veut procéder avec clarté et précision, examiner successivement les divers produits qui constituent une notable partie du mouvement maritime. D'autre part, bien qu'étudié sommairement chacun des chefs de produits devra présenter deux phases distinctes qui serviront par leur contraste à faire ressortir la différence entre les deux époques, avant et après la guerre de sécession. On ne peut se dissimuler en effet que la longue période durant laquelle la Nouvelle-Orléans est restée isolée du monde entier, au point de vue commercial n'ait dû avoir une influence capitale sur plusieurs produits en détournant le courant de certains d'entre eux sur les ports de l'Union libres d'accès pendant la guerre. Cette influence subsiste encore dans une certaine mesure même après le retour à l'état normal.

Si donc il est permis de constater avec une satisfaction justifiée, que la Nouvelle-Orléans a repris assez facilement son ancienne suprématie comme port d'embarquement pour le coton, il n'en est pas de même à beaucoup près pour d'autres produits qui étaient autrefois cependant d'une importance très-considérable. C'est ce qni va être établi dans ce travail, et s'il y a lieu pour quelques produits, on exposera les probabilités d'un retour à leur prépondérance ancienne :

TABAC. — *Du tabac aux Etats-Unis en ce qui regarde les cinq grands Etats producteurs de l'Ouest : Kentucky, Tennessée, Illinois, Indiana et Missouri.*

Grâce à sa situation topographique et à la grande voie du Mississipi qui la met en communication avec les états producteurs, la Nouvelle-Orléans est le marché naturel des tabacs de l'ouest.

La douceur du climat, si propice à la plante, et l'humidité de l'atmosphère qui permet presque en tout temps d'échantillonner les tabacs, assurent ce privilége. Aussi les arrivages ou recettes de ce produit ont-ils augmenté chaque année.

Sans remonter à des époques trop reculées, on peut prendre comme point de comparaison les recettes réaliées avant la guerre, celles par exemple de 1859, 1860.

Elles se sont élevées à. 80,955   boucauts.

Pour les années suivantes, pendant la lutte engagée pour la sécession, les recettes sont devenues insignifiantes. Elles ont donné en 1861-1862. 1,443   boucauts.

1862-1863. 155   »

1863-1864. 1,303   »

1864-1865. 2,110   »

Durant cette période, Baltimore, Boston et New-York surtout, ont profité de cet abaissement de notre mouvement commercial.

En 1865-1866, les recettes reprennent quelque importance et se chiffrent par 15,413 boucauts. Depuis lors, la gradation s'est maintenue, bien qu'il y ait eu à lutter contre la prépondérance de New-York, qui s'efforce d'entraver le retour du produit à son écoulement normal.

Il est difficile toutefois de résister à la force des choses, surtout lorsqu'il vient s'y ajouter des complications inattendues. Ainsi, dès l'année dernière, la Nouvelle-Orléans aurait sans doute reconquis son ancienne position, sans une circonstance tout à fait imprévue et qui mérite d'être signalée. Chacun a pu, en effet, assister à cette époque à un phénomène sans précédent, depuis la culture du tabac aux Etats-Unis, c'est-à-dire à un manque presque absolu de récolte, Un déficit de plus de 100,000 Boucauts sur la production normale peut sans exagération être considéré comme un phénomène. Il est d'autant plus à propos d'insister à ce sujet que les 70,000 boucauts dont il a été fait récolte, se composaient, pour leur majeure partie de tabac gelé ou coupé trop vert et par conséquent peu utilisable. Les effets d'un tel désastre étaient faciles à prévoir. Ils ont cependant dépassé toute prévision et amené une hausse de prix que l'on n'avait jamais connue. Par suite, en quelques années, les cours ont littéralement doublé.

Ainsi, l'on a vu s'établir les cotes suivantes :

Lugs.	10 à 11 c.
Low Leaf.	12 à 13
Medium Leaf. . .	14 à 15
Good Leaf. . . .	15 1/2 à 16 1/2
Fine Leaf	17 à 18
Africains.	20 à 21

La consommation du monde compte sur un contingent de 175,000 à 180,000 boucauts, moyenne de la production des cinq états de l'Ouest. Cette production est absorbée dans les proportions suivantes par les divers pays acheteurs :

Amérique.	70,000 boucauts
Angleterre	20,000 à 28,000
France	15,000
Espagne et Portugal . .	12,000
Italie et Autriche. . . .	15,000
Brème et Ports du Nord.	25,000
Anvers et Hambourg . .	5,000
Méditerranée	5,000
Divers ports.	5.000

La consommation du monde en présence du déficit qui a été signalé plus haut, n'a pas accepté sans résistance

cet accroissement dans le prix des tabacs. On a d'abord
cru à une spéculation puissamment organisée, mais il a
fallu plus tard se rendre à l'évidence, de telle sorte que
les contractants pour la régie de France, devant une perte
imminente, ont préféré forfaire leurs contrats, et aban-
donner au Gouvernement français les cautionnements
déposés par eux en garantie de l'exécution de ces contrats.

En raison des prix excessifs du tabac, la régie de
France qui possédait d'ailleurs de gros approvisionne-
ments, décida tout d'abord de différer toute acquisition
nouvelle. Plus tard, cette décision fut abandonnée et une
adjudication fut offerte. Elle comprenait :

1,200,000 kil. tabac Ohio équivalant à   3,500   boucauts
1,000,000   »   » Maryland   »   »   2,800   »
1,000,000   »   » Virginie   »   »   1,700   »
dans les trois types A. B. C.

Les contrats trouvèrent preneurs pour les 3,500 boucauts et pour les 2,800 boucauts tabac maryland, qui
furent exécutés, les premiers par la maison Boning frères
de Baltimore et les derniers par la maison A. Schuma-
cher et Cie, de la même ville. Il n'y eut pas d'adjudication
pour les tabacs Virginie. Cependant les contrats passés
avec l'Espagne étaient suivis. De son côté, l'Italie n'avait
point discontinué ses achats. Telle était la situation pendant le cours de l'été 1875.

Mais depuis quelque temps déjà il s'était produit un
fait qui n'était en définitive que la conséquence rigou-
reuse d'une situation anormale. La culture du tabac, sti-
mulée par l'augmentation survenue dans les prix d'une

matière qui s'impose à la consommation, devait prendre un accroissement considérable. On peut sans exagération dire que ce qu'il y avait de terre disponible fut ensemencé en tabac. Il est bon de savoir, toutefois, que les terres propres à cette culture aux Etats-Unis ne permettent pas d'évaluer la production au-delà d'un chiffre de 250,000 boucauts, même dans les conditions les plus favorables.

Ainsi donc, au printemps de l'année 1875, on avait accru les plantations dans une proportion bien supérieure à celle des années précédentes. Il y avait là une menace pour les détenteurs à de hauts prix.

En outre, les grands consommateurs, entre autres la régie de France, s'adressaient à l'Algérie et à Bahia pour couvrir les manquants de ses entrepôts. Enfin, sur presque tous les marchés, la consommation avait sensiblement faibli. Aux Etats-Unis même, la diminution était notable.

Pendant ce temps, la récolte sur pied amoindrie en certains endroits, pour des causes purement locales, n'en était pas moins favorisée d'une façon générale par une saison propice, et en définitive la production des cinq états de l'ouest, arrivée à une pleine maturité et rentrée en grange au moment opportun, a été évaluée comme suit :

Kentucky et Tennessee.	120,000 bouc.
Illinois et Indiana.	40,000 »
Missouri.	30,000 »
En tout.	190,000 bouc.

Si l'on ajoute à ce chiffre le stock
de l'ancienne récolte, tant à New-York
qu'à la Nouvelle-Orléans. . . . . 24,896 »

On aura au total. . . . . 214,896 bouc.

qui doit répondre amplement aux besoins de la consommation générale pour l'année 1876.

Les demandes peuvent être évaluées pour chaque
pays, savoir :

Amérique.	70,000 à 80,000
Angleterre	25,000 à 30,000
France	15,000
Espagnol et Portugal.	10,000
Italie.	20,000 à 25,000
Brême et Ports du Nord	25,000 à 30,000
Anvers et Hambourg.	8,000
Méditerranée.	6,000
Divers ports	6,000

Au fur et à mesure que la situation s'est régularisée, la
baisse à fait des progrès, et tout récemment il a suffi de
quelques mois pour substituer à des prix extrêmes des
cours à peu près acceptables :

Lugs.	6 à 7 c.
Medium leaf.	10 à 11 »
Good leaf.	12 à 13 »
Fine leaf	14 à 15 »
Africans . . . . . , .	15 à 16 »

Il faut, en outre, constater que cette année, la récolte
non-seulement comme quantité, mais encore comme

qualité, compense amplement le déficit de l'année
1874-1875, et ce n'est qu'en remontant à 1867, que l'on
peut retrouver des évaluations aussi favorables au point
de vue de l'abondance et de la qualité.

Mais ces considérations ne sont pas les seules qui permettent d'espérer un rendement exceptionnel. Les facilités offertes par l'abondance du tonnage provoqueront
en faveur de notre port, les ordres des Régies, si les travaux entrepris aux bouches du Mississipi, réussissent et
donnent accès aux grands navires. A ce sujet, il serait
désirable de voir introduire dans les cahiers des charges
l'obligation, pour les contractants de la régie de France,
de se servir à prix égal des bâtiments français.

CÉRÉALES. — Les céréales forment incontestablement
la production la plus considérable des Etats-Unis, et la
source de la richesse si rapide des états de l'Extrême
Ouest. On peut, dès à présent, considérer cette région
comme appelée à devenir le grenier d'abondance du
monde entier.

La guerre de la sécession, en isolant la Nouvelle-Orléans, n'a pas sensiblement ralenti la production dans le
Far-West. L'établissement rapide d'un réseau de chemins
de fer a relié cette contrée avec les grands ports du
Nord.

Voici maintenant selon le plan que nous nous sommes
imposé, l'état des produits avant et après la guerre.

Blé. — Les recettes, pendant les dix années qui ont

précédé la guerre de 1850 à 1860, présentent une moyenne annuelle de. . . . . . . 654,237 boisseaux de 60 livres.

Depuis la guerre de 1865 à 1875,
pour une même période décennale
les recettes annuelles s'élèvent à   1,000,000 boisseaux

Les exportations de 1850 à 1860 ne sont que de 600,000 boisseaux, quand de 1865 à 1875, elles en atteignent 950,000. Il convient toutefois de ne pas oublier que les exportations sont naturellement subordonnées aux besoins plus ou moins pressants de l'Europe.

Les prix des blés pendant les dix années qui ont précédé la guerre, ont été en moyenne de 1 dol. 12 en or le boisseau ;

Depuis la guerre ils sont de 1 dol. 20 en papier.

Maïs. — Les recettes sur ce produit avant ou après la guerre, s'équilibrent de 1850 à 1860 ; chaque année donne. . . . . : 3,700,735 boisseaux de 56 livres.

De 1865 à 1875, la même période
produit. 3,975,830   »

Les exportations étaient pour les
dix premières années de. 1,534,988   »

Après la guerre, elles se sont
élevées à 2,250,815   »

Enfin, le prix du boisseau avant la guerre, était en moyenne de . . . . 68 cents en or ;

Il est aujourd'hui de . . . . 75 en papier.

5

Farines. — Les farines offrent le même mouvement progressif, malgré des circonstances défavorables.

Les recettes de 1850 à 1860, n'ont pas dépassé 927,613 barils en moyenne par année. Durant la seconde période décennale, elles ont atteint 1,155,675 barils.

Par contre, les exportations ont fléchi dans cette seconde période.

De 1850 à 1860, on exporte en moyenne . . . . 557,990 barils par an, tandis que de 1865 à 1875, il n'est annuellement expédié que. . .   490,880 barils.

La moyenne des prix est de 5 dol. 50 en or, par baril avant la guerre, et de 5 dol. 75 en papier après la guerre.

De tous les produits de l'Union, les céréales peuvent à juste titre, être considérées comme destinées à concourir le plus efficacement à la prospérité de la Nouvelle-Orléans, leur port d'expédition naturel. D'autre part, les améliorations matérielles apportées dans le chargement des navires par l'emploi des *élévateurs*, permettent un affrètement d'une rapidité extraordinaire.

Riz. — La culture du riz était à peu près nulle avant la guerre, mais depuis le rude coup porté à l'exploitation du sucre, elle a pris des proportions assez importantes pour attirer l'attention du commerce. Parfaitement appropriée à la nature du sol et au climat, cette culture, grâce encore aux facilités d'irrigation, est appelée à prendre un grand accroissement. Déjà, par une gradation

rapide, on est parvenu au chiffre de 190,360 barils par
année.

La création d'usines pourvues de machines perfection-
nées pour la décortication du riz, permet de livrer à la
consommation un grain net et brillant, qui rivalise aujourd'hui avec les plus beaux produits des Carolines. A
l'exposition de Vienne, les échantillons de la Louisiane
ont obtenu le prix sur ceux des autres pays. L'Italie
seule, à juste titre, conserve encore son incontestable
supériorité.

Les prix se chiffrent ainsi :

Riz cassé.	2 3/4 à 3
— commun.	4 1/2 à 4 3/4
— ordinaire	4 3/4 à 5
— beau.	5 1/4 à 5 1/2
— bon	5 3/4 à 6
— choix	6 1/4 à 6 3/4

Le développement de la culture du riz a été si rapide
que les conséquences en sont encore à peu près incon-
nues en Europe et surtout en France. Bien que la consommation du riz soit très-limitée en France, où le riz
d'Italie est seul apprécié, il est important d'appeler l'attention du commerce français sur l'accroissement de la
production louisianaise. Cet appel serait surtout nécessaire pour la qualité la plus inférieure du riz, que les
marchés français achètent à l'étranger en quantités considérables pour le chargement des navires à destination
des côtes d'Afrique. Bordeaux et Marseille, les princi-

paux ports d'expédition pour ces côtes, deviendraient un débouché important et s'approvisionneraient à la Nouvelle-Orléans à meilleur compte et en qualité relativement bien supérieure au riz d'autres provenances. Il y a là un élément nouveau et puissant de relations avec Marseille, qui est délaissé depuis plusieurs années.

VIANDES SALÉES. — Cet article, exporté avant la guerre en assez notable quantité, semble reprendre sa vogue. On peut constater un excédant de 20 millions depuis le 1er novembre 1875 sur les expéditions de l'année dernière, malgré l'élévation des prix.

LARDS EN PLANCHES. — Ces comestibles sont importés par la voie du Havre à destination de Lyon, qui en est le grand marché.

Les viandes préparées aujourd'hui avec le plus grand soin sont dans des conditions de sérieuse conservation, et elles échappent entièrement à la détérioration qui les menaçait autrefois.

SAINDOUX. — La hausse dans le prix de cette substance en a diminué les recettes et empêché l'exportation.

Les recettes annuelles de 1850 à 1860 se sont élevées en moyenne à 50,577,175 livres.

De 1865 à 1875, elles se sont abaissées à 11,170,000 livres.

Les exportations sont tombées de 10 millions pour la période décennale précédant la guerre à 4,580,415 livres pour la période suivante.

Les prix, avant 1860, étaient en moyenne de 10c/ 3/4 en or. Ils sont aujourd'hui de 12 1/2 en papier.

Aux cours actuels, la France peut se pourvoir à meilleur compte sur d'autres marchés, et les exportations de la Nouvelle-Orléans sont pour le moment bornées à l'Ile du Cuba.

PEAUX. — Bien que l'Allemagne et New-York prennent la majeure partie des peaux qui arrivent sur le marché, en outre de la production locale, des quantités considérables sont expédiées au Havre qui demande surtout les peaux vertes, en manchons.

Des essais ont été tentés l'année dernière pour exporter l'article logé en plein chargement, non plus en manchons, mais superposé, en quelque sorte en matelas, dans le but d'assurer une plus complète conservation pendant la traversée. Il n'est point certain que ce mode de transport ait donné le résultat qu'on en attendait.

HUILES DE COTON. — Ce produit est un des plus récents témoignages du progrès de l'industrie en Louisiane. Les graines dont on extrait l'huile étaient, il y a quelques années, un embarras pour les planteurs, et beaucoup d'entre eux n'avaient point encore imaginé d'en tirer parti, même comme engrais. Ces graines se vendent aujourd'hui 13 dollars par tonneau, et la fabrication de l'huile a nécessité la création de plusieurs usines. Il y en a quatre dans l'enceinte de la Nouvelle-Or-

léans qui fabriquent en grande quantité une huile lim-
pide et absolument sans saveur.

Mise en fûts de 40 gallons (160 litres) et dans les prix
de 40 à 45 sous pour l'huile brune, et de 50 à 55 sous
pour l'huile raffinée, elle est exportée principalement à
Liverpool, en Italie et à Brême. Il ne se fait pas d'expédition directe pour la France, où cette huile pourrait cependant être utilisée pour les machines, la savonnerie
et la parfumerie.

ALCOOL. — Les exigences de la douane, qui impose à
l'expéditeur un cautionnement et la production de certi-
ficats de débarquement au port de destination, sont de
graves obstacles pour l'exportation de cet article. Dès
lors ce ne peut être que dans les années de mauvaises
récoltes vinicoles en France, que l'expédition de ce produit sera encouragée par l'espoir de gros profits.

RÉSINE. — La résine est dans une situation analogue à
celle de l'alcool, mais pour un motif différent. La France,
tant par sa production locale que par les ressources que
lui offrent la Méditerranée et la Russie, est pourvue à des
prix inférieurs aux cours de la Nouvelle-Orléans. C'est
généralement sur Liverpool que se dirigent les exportations du marché.

Les recettes moyennes, avant 1860, se chiffraient annuellement à 45,500 barils de 280 litres. Après 1865, elles
sont tombées à 25,000 barils.

Les exportations étaient, avant 1860, de 40,000 barils

par an. Elles ne sont plus aujourd'hui, en moyenne, que de 25,000 barils.

SUIFS. — En outre de la production locale qui peut être évaluée à 1 million de livres par an, le marché reçoit d'assez grosses quantités du Texas. Les recettes se sont accrues depuis la guerre. Ainsi, en dix années, de 1850 à 1860, la moyenne annuelle des recettes n'a pas dépassé 570,100 livres.

Aujourd'hui, depuis 1865, cette moyenne s'élève à 1,556,100 livres.

La même progression se remarque dans les exportations.

De 1850 à 1860, on a expédié, par an, 400,000 livres.

De 1865 à 1875, ce chiffre est de 1,500,000 livres.

Les suifs venant du Texas, logés en boucauts, sont d'une couleur jaune clair et on en fait grand cas sur le marché de Liverpool. Les suifs de la production locale sont blancs et logés en tierçons.

Cet article devrait trouver son placement sur les marchés français, surtout à l'époque où les fûts sont à des taux peu élevés.

MERRAINS. — Les merrains constituent une branche importante du mouvement commercial de la Nouvelle-Orléans. On peut signaler sur ce produit une gradation marquée, puisque l'intérieur envoie sur les marchés cinq millions de merrains, alors qu'avant la guerre le chiffre des recettes excédait à peine trois millions. Toutefois le courant d'exportation s'est singulièrement modifié. Bordeaux, qui absorbait autrefois la plus grande partie des stocks, n'en demande presque plus. Par contre, la consommation du Havre s'est accrue ; mais c'est surtout l'Espagne qui importe les quantités les plus fortes. On peut évaluer à deux millions au moins le chiffre des expéditions à destination de ses ports.

Une des causes principales du ralentissement de l'exportation de nos bois est la concurrence des bois de Bosnie, qui rivalisent comme bon marché et comme facilité de travail avec les bois d'Amérique.

Il ne faut pas perdre de vue que nos prix ont sensiblement augmenté. En effet, avant la guerre, les bois qu'on payait 50 à 60 dollars en or le millier à bord des chalands valent aujourd'hui 90 à 100 dollars en papier. La guerre, en suspendant les expéditions de notre port, a facilité l'introduction sur les marchés d'Europe des bois d'autres provenances ; mais il est à présumer que notre exportation va reprendre sur ce point comme elle l'a fait sur d'autres, l'essor dû à l'abondance et à la valeur de ses produits.

MOUSSE OU CRIN VÉGÉTAL. — C'est là une production tout à fait particulière à la Lousiane, à l'Alabama et au Mississipi, en un mot, aux terrains marécageux tenus en constante fermentation pour une température très élevée.

Le prix varie de 3 1/2 cents pour la mousse de qualité inférieure, à 10 1/2 pour celle qui est nettoyée et cardée imitant le crin. Utilisée au début pour la confection des matelas de la classe indigente, elle est devenue à l'aide des procédés de perfectionnement un objet de sérieuse industrie. Les compagnies de chemins de fer l'emploient pour les coussins, la bourrellerie et de jour en jour elle prend la place du crin. L'Allemagne en fait un grand usage. Moins employée en France, elle paraît néanmoins appelée à y être favorablement appréciée. Il suffirait de la faire connaître à l'industrie.

BOIS DE CONSTRUCTION. — Une des grandes richesses de l'Amérique, ce sont les bois que l'on tire des Florides ou de la vallée du Mississipi. Ils se divisent selon leur destination en bois de construction navale et en bois de charpente.

Bois de construction navale. — L'application de la vapeur a modifié l'ensemble des constructions navales, en imposant l'emploi du fer dans une grande porportion pour la construction des navires. Néanmoins comme complément du fer, il est nécessaire de faire usage du bois. De là des besoins de matériaux qui appellent toute l'attention des constructeurs.

Chacun sait que les parties d'un navire pour lesquelles l'emploi des bois droits ou des bois courbes est indispensable, sont la quille, les membranes, les bordages et la mâture. Toutes les pièces qui entrent dans la confection de ces diverses parties sont de dimensions et d'essences différentes ; mais elles doivent être tirées de bois absolument sains et exempts de nœuds.

Depuis longtemps la France, en dehors de sa production, utilise les bois de la Baltique. Elle y trouve en qualités requises le mélèze, le sapin, le hêtre, etc. Les mâts sur lesquels reposent non-seulement le poids du gréement, mais encore la pression de la force d'impulsion, doivent unir aux conditions d'élasticité, les qualités les plus complètes de résistance. Ce sont les arbres résineux qui répondent le mieux à ces exigences. C'est aussi à ces avantages réunis que les pins des Florides doivent leur incontestable supériorité sur ceux de la Norvége, de la Suède et de la Russie. Quand on dit les pins des Florides on se sert d'un terme générique, car aux portes mêmes de la Nouvelle-Orléans, il y a de vastes superficies de terre couvertes des mêmes essences.

Pour donner une idée de la quantité de bois nécessaire dans la construction d'un navire, voici quelques chiffres empruntés aux documents du Ministère de la marine.

Il faut pour

Un vaisseau de	120 canons	6,132 mètres cubes.
Une frégate de	60 »	2,752 »
Une corvette de	30 »	1,336 »
Un brick de	20 »	723 »

Il est facile dès lors de se rendre compte de l'énorme quantité de bois que réclame l'entretien d'une flotte comme celle de la France, si l'on ne perd pas de vue qu'un navire ne dure pas plus de vingt ans. Il ne s'agit ici que de la marine de guerre. Les besoins de la marine marchande ne sont pas moins importants.

Une des causes principales de la cherté des bois de construction en Europe est la difficulté des transports au lieu d'emploi de la matière première. Cette cherté s'explique aisément pour les pièces de grande dimension. Par exemple, un mât de navire coupé dans les forêts de la Corse, coûte quelques francs seulèment. Une fois logé dans les arsenaux français, il s'élève à un prix de revient de deux mille francs. En Amérique, les nombreux cours d'eau qui sillonnent le pays, permettent de rendre des lieux les plus lointains aux ports d'embarquement les quantités les plus considérables, et les prix de transports restent relativement minimes.

Bois de charpente. — Les forêts des Etats-Unis possèdent, indépendamment des essences qui leur sont propres, toutes les espèces d'Europe : le chêne, l'orme, le charme, le cyprès et le pin. Aussi les bois de charpente qu'on en tire sont-ils fort appréciés sur tous les marchés où ils ont accès.

Une maison belge d'Anvers ayant ses correspondants à la Nouvelle-Orléans, a établi un comptoir à Pascagoula, port situé à proximité de la Nouvelle-Orléans. Elle exporte toutes les espèces de bois et dans toutes les dimensions au prix réduit de 14 dollars le millier de pieds superficiels.

Ces indications concernent plus spécialement la marine marchande ; car pour ses bâtiments le gouvernement français est bien informé; ce n'est pas d'aujourd'hui qu'il s'adresse à Pensacole pour ses constructions navales.

Nouvelle-Orléans le 15 avril 1876.

V^{or} Maignan, vice-président du 5e comité;

Ant. Carrière ;   A. Coutin.

NAVIGATION

ET ASSURANCES MARITIMES

SIXIÈME COMITÉ

NAVIGATION

Le commerce maritime de la France, tant à l'exportation qu'à l'importation donne lieu à un mouvement de plus de 13,500,000 tonneaux, sur lesquels 5 millions seulement sont couverts par notre pavillon, soit un peu plus du tiers.

Avant la guerre de sécession, le pavillon français était très-rare à la Nouvelle-Orléans. Les marchandises françaises qui, cependant, étaient l'objet d'un commerce plus considérable qu'aujourd'hui, y étaient généralement importées par des navires américains. C'est pendant cette même guerre que notre pavillon a commencé à devenir plus fréquent, sans néanmoins y tenir la place qui semblerait lui revenir. En l'estimant à deux navires par mois, on risque d'être au-dessus de la vérité. Cependant, depuis un an environ, il y a une amélioration et comme nombre et comme tonnage. Cela tient surtout à l'approvisionnement de notre marché en coton, qui cette année a été très-fort.

Les navires français au long cours sont en général d'un tonnage trop faible ; aussi, quand ils ne trouvent pas en France un frêt suffisant, ils hésitent à revenir sur lest, parce que leur petite dimension ne leur permet pas de trouver dans leur seul voyage de retour une rémunération convenable. Tel n'est pas le cas d'un navire de 7 à 800 tonneaux dont les dépenses ne sont pas sensiblement plus fortes que celles d'un navire de 3 à 400 tonneaux et qui est beaucoup plus sûr d'une opération fructueuse. Pour le port de la Nouvelle-Orléans, avec le frêt encombrant qui s'y trouve, il ne devrait pas y venir de navires français d'une jauge inférieure à 600 tonneaux.

Depuis la guerre de sécession, le pavillon américain a beaucoup diminué. Par contre, d'autres ont pris dans le Mississipi une extension considérable. Sans parler des Anglais qui, dans le monde entier, tiennent presque partout le premier rang, nous citerons les Norvégiens et les Suédois qui, à ce moment, comptent une vingtaine de navires (à peu près le cinquième des longs courriers à voiles). Les Autrichiens, qu'on ne connaissait pas il y a une dizaine d'années, sont toujours représentés par trois ou quatre navires. Il en est de même des Italiens, qui

nous sont presque toujours supérieurs comme nombre.
Nous ne pouvons nous expliquer le grand développement de ces marines secondaires que par une navigation
beaucoup plus économique et surtout par une grande
liberté d'action de la part de leurs gouvernements res-
pectifs.

Pour la Nouvelle-Orléans, les navires à vapeur offrent
sur les vaisseaux à voiles certains avantages. Ils sauvent
les dépenses de remorquage en rivière ; ils échappent à
ces nombreuses contrariétés de navigation inhérentes à
toutes mers resserrées, telles que les golfes du Mexique et
des Antilles, sans parler des canaux de la Floride et de
Bahama. Le charbon qui constitue pour eux une grosse
dépense, est ici à bon marché et de bonne qualité, de 6
à 7 dollars la tonne en moyenne. Ils sont toujours sûrs de
trouver un frêt de retour, quel que soit leur tonnage, et
comme leurs traversées sont à quelques jours près régulières, leur chargement peut être arrêté d'avance et leur
éviter ainsi un séjour prolongé dans le port. La profondeur d'eau sur les passes est aujourd'hui de 17 à 18 pieds,
mais d'ici à un an elle devra atteindre un minimum de
25 pieds, si, comme on l'assure, le travail d'endiguement
qu'on y opère continue à progresser favorablement.

Il y a quelques années, la navigation à vapeur avait
pris une extension considérable. Les Anglais avaient
plusieurs lignes hebdomadaires, et les Allemands deux
lignes, l'une bi-mensuelle et l'autre mensuelle ; depuis
un an, soit à cause des inconvénients provenant du peu
de profondeur de la barre, soit par suite de la trop grande

concurrence qu'elles se faisaient, ces lignes se sont réduites sensiblement. Les Allemands, entre autres, n'ont plus que la ligne mensuelle de Brême, qui de plus cesse tout à fait pendant les mois d'été. Tous ces steamers, en venant ici, touchent directement au Havre, ou sont en correspondance directe avec ce port, d'où ils tirent une portion notable de leur chargement.

Nous constatons avec peine que dans cet ordre d'affaires, la France n'est nullement représentée. Il y a quelques années, la Compagnie générale transatlantique détachait de la grande ligne de Saint-Nazaire à la Vera-Cruz, un annexe de la Havane ici ; l'expérience a été mauvaise, et l'embranchement a été supprimé. Il est regrettable qu'une ville de l'importance commerciale de la Nouvelle-Orléans, si éminemment française par son origine, ses goûts, ses idées, ne soit pas reliée à son ancienne mère-patrie d'une manière plus régulière. Nous pensons qu'un appel devrait être adressé aux Chambres de commerce du Havre, de Marseille et de Bordeaux, pour attirer leur attention sur ce fait, qu'à notre avis une ligne d'abord mensuelle, partant de chacune de ces villes, trouverait une rémunération suffisante. — Celles du Havre devrait, en quittant ce port, passer à Bordeaux, y compléter son chargement en vins, eaux-de-vie et articles divers, de là toucher à un port espagnol tel que Santander, pour y prendre des passagers, venir sur la Havane et finalement à la Nouvelle-Orléans. Son voyage de retour pourrait s'effectuer directement sur le Havre. — La ligne partant de Marseille toucherait à Barcelone, à Cadix, au besoin à

la Havane, et pourrait retourner par la même voie. Si de
prime-abord, les relations commerciales, quelque peu
restreintes entre la Nouvelle-Orléans et les ports de la
Méditerranée, pouvaient faire craindre un échec pour la
ligne en question, il ne faut pas oublier que des voies
faciles et régulières appellent presque toujours un grand
mouvement d'affaires, lorsque, surtout les points
extrèmes, sont la Nouvelle-Orléans et Marseille, la première, la métropole du Sud des Etats-Unis, le débouché
du plus grand fleuve du monde, le Mississipi, et l'autre
en quelque sorte un Liverpool méditerranéen, surtout
depuis que, par le canal de Suez, l'Inde est à ses portes.

En dehors du fret, il y a pour ces deux lignes la
question des passagers qui ne laisserait pas que d'être
profitable ; à l'avantage de pouvoir partir directement,
viendrait se joindre l'économie d'argent et de fatigue. Il
n'y aurait que ceux que leurs affaires appellent à New-
York qui continueraient à prendre cette voie.

La France travaille en ce moment à refaire ses traités
de commerce ; plusieurs sont arrivés à expiration, les
autres ont été dénoncés ; nous souhaitons qu'elle persé-
vère dans l'esprit libéral qui les a dictés, celui de droits
modérés, et que l'on continue à se rapprocher autant que
possible de la théorie économique du libre échange ;
nous demanderons surtout qu'en ce qui concerne les
droits de naturalisation des coques étrangères, les traités étendent aux navires de toute provenance, sans distinction de pavillon, l'ancienne législation qui fixait à
environ 2 francs par tonneau le droit de francisation.

Il y aurait à dire beaucoup sur la question de réglementation administrative ; mais les membres du comité, désireux de respecter le droit d'initiative gouvernemental, se bornent à rappeler la bienveillante attention des autorités compétentes sur les avantages qu'il y aurait à laisser à la population de nos côtes et au commerce maritime une grande liberté d'action.

ANNEXE AU RAPPORT SUR LA NAVIGATION.

Pilotage. 10 pieds et au-dessous, 3 doll. 50 par pied, au-dessus de 10 pieds, 4 doll. 50 par pied.

Remorquage. Montage du fleuve (navires de plus de 150 tonneaux.

17 pieds ét au-dessous, 1 doll. 50 par tonneau.
18   »   »   1 doll. 10   »

Au-dessus de 18 pieds, 50 c. par chaque 3 pouces additionnels.

Descente du fleuve :

17 pieds et au-dessous, 15 c/ par tonneau.
18 »   » .   35   »

Au-dessus de 18 pieds, 50 dollars par chaque 3 pouces additionnels, avec déduction de 10 c. par tonneau, si le

remorquage est payé dans les 10 jours et la descente
opérée par l'association des « tow boats ».

Tonnage, 30 c/ par tonneau.

Passagers, 2 dollars par personne.

Capitaine du port, 3 c/ par tonneau.

Gardien du port, facultatif, en moyenne 10 dollars.

Droit de quai, 15 c/ par tonneau pour un steamer.

        20 c/   »   pour un voilier.

Santé ou quarantaine 10 dollars.

Droit sur le lest (pour le débarquer), 40 c/ par tonneau.

Jaugeage, 35 c/ par tonneau.

Arrimage, 60 c/ par balle de coton.

Compressage, 75 c/   »

La balle de coton mesure en moyenne 26 pieds cubes
et pèse également en moyenne 475 livres.

Le coton constituant le fret dominant de notre place,
on peut établir qu'en moyenne un steamer peut charger
à 1 sou 3/8 par livre et un voilier à 1 sou 1/8.

Pour un steamer de 1,100 tonneaux de jauge pour fret
et prenant 3,000 balles de coton à 1 1/4 c/, on peut établir son compte comme il suit :

    Frêt à 1 1/4 c/ . . . .   98,000 fr.

    Dépenses, son approvisionnement

    de charbon compris. 34.500
                             —————

    Frêt de sortie, net. . .   63,500 fr.

ASSURANCES MARITIMES

En 1861, au commencement de la guerre de sécession, les Compagnies d'assurances de la Nouvelle-Orléans se trouvaient dans une position florissante et inspiraient une confiance sans bornes. Les malheurs qu'entraîne toujours une guerre civile, n'ont pas tardé à affecter toutes nos institutions financières et plus particulièrement nos chambres d'assurances dont le capital reposait sur des sécurités urbaines, amoindries de jour en jour par des taxes excessives.

Jusqu'alors les risques maritimes avaient été négligés à cause de leur importance secondaire, comparés aux risques contre l'incendie, plus lucratifs. L'usage voulant que l'assurance maritime soit effectuée au pays de destination, l'importation à la Nouvelle-Orléans était presque nulle et l'exportation considérable ; nos chambres, dans le but d'augmenter leurs opérations maritimes obtinrent des crédits à Londres, afin de régler les pertes en Europe, et, satisfaire ainsi aux exigences des assurés exportateurs. Cette nouvelle méthode d'opérer produisit le résultat désiré, mais fut en partie contrebalancée par la création de plusieurs agences de compagnies étrangères. La concurrence devint alors si vive que du consentement unanime, on fonda le *Board of Underwriters* qui avait pour mission spéciale de régulariser les taux de primes, chacun promettant de s'y conformer.

La faillite du *Louisiana mutual insurance company* est

venue jeter une méfiance générale sur toutes les autres
compagnies locales, méfiance qui ne pourra disparaître
qu'avec le temps, et a laissé le champ presque libre pour
les assurances maritimes, aux agences des compagnies
étrangères, anglaises, américaines, allemandes et suisses.
Parmi ces agences, nous citerons en première ligne, le
Liverpool and London and Globe Insurance C, le *North
America de Philadelphie* et le *Lloyd suisse*.

Les taux de primes varient avec les saisons : du 1er septembre au 28 février, la prime sur les articles d'exportation est de 2 0/0, et du 1er mars au 31 aout de 1 1/2 0/0,
et sur les articles d'importation 1/4 %, en plus. On alloue
à l'assuré une réfaction ou *ristourne* de 20 0/0 sur le
montant de la prime, et quelques compagnies, pour s'attirer de nouveaux clients, accordent une bonification
exceptionnelle de 5 0/0 sur la réfaction.

La teneur de nos polices est pour ainsi dire identique
à celle des polices des compagnies françaises et ne
présente aucune particularité digne de remarque.

Le commerce de la Nouvelle-Orléans avec la France est
d'une très-grande importance ; l'exportation annuelle,
des seuls produits américains, coton, tabac, céréales,
bois, saindoux, suif, cuirs, peut se chiffrer sans exagération à une valeur de 20 millions de dollars.

En prenant comme base la moyenne de la prime, soit
1 3/4 0/0, nous trouvons la somme énorme de 350,000 dollars ou 1,610,000 francs que les exportateurs ont à payer
lorsqu'ils ne se servent pas de l'entremise des compagnies
ou des agences de la Nouvelle-Orléans, tandis qu'en as-

surant ici, sur cette somme de 350,000 dollars, ils obtiennent les réductions suivantes :

20 0/0 de réfaction . . . . 70,000 dol.

5 0/0 de bonification.   3,500
                                       _____
                                       73,500 dol. qui,

au change de 4,60, représentent 338,100 francs. Ces chiffres parlent d'eux-mêmes et dispensent de tout commentaire.

Cet exposé doit démontrer aux assureurs français l'utilité et l'urgence d'ouvrir au plus vite un bureau à la Nouvelle-Orléans, afin de pouvoir lutter avantageusement contre cette concurrence qui acquiert chaque jour un développement de plus en plus important.

Le grand commerce du coton est aujourd'hui tellement difficile et les profits si limités, que chacun s'efforce de son mieux pour établir cet article à un prix de revient aussi modique que possible. Nous réclamons donc la création d'un Bureau, non-seulement dans l'intérêt des assureurs, mais encore plus particulièrement pour les assurés français, que nous désirons voir profiter des mêmes avantages que possèdent les Allemands, les Suisses et les Anglais.

Pierre POUTZ, vice-président du 6ᵉ comité.

L. GRAND,   J.-B. SÉGUIN.

IMMIGRATION

SEPTIEME COMITÉ

La Louisiane fut longtemps considérée par l'émigration française, et surtout par l'émigration du midi de la France, comme une sorte de terre promise. Ajoutons que si la Louisiane ne justifiait pas tout à fait cet engouement, elle avait sur tous les autres Etats américains des avantages qui expliquent les préférences des français. Nos compatriotes trouvaient ici une généreuse hospitalité, presque une seconde patrie. Ce pays neuf avait besoin de population ; la vie y était aisée et le travail rémunérateur. Avec un peu d'ordre et d'économie, l'aisance et parfois la fortune étaient le résultat de quelques années d'efforts. Mais ce qui attirait particulièrement nos émigrants, c'est que la langue française était plus répandue ici qu'ailleurs, ce qui rendait leurs débuts moins pénibles et leur réussite plus facile.

De 1835 à 1860, on constate un courant considérable

d'immigration française, en Louisiane, et si la fièvre
jaune n'était venue décimer périodiquement ses rangs,
notre colonie présenterait aujourd'hui un effectif quatre
ou cinq fois plus élevé. Il résulte d'observations que nous
croyons sérieuses, que le Midi, surtout le Sud-Ouest de
la France, entrent dans cet exode pour une très-forte
proportion. On estime que sur 20,000 français, en chiffres ronds, dont se compose notre colonie, 15,000 viennent de cette région. Les départements des Hautes et des
Basses-Pyrénées, de la Haute-Garonne, du Gers et de la
Gironde y sont largement représentés. On voyait, il y a
quelques années, dans les Hautes-Pyrénées, des villages
dont la population avait été visiblement réduite par l'émigration. Depuis 1860, le courant s'est arrêté. Ceux qui
n'avaient pas craint la fièvre jaune ont reculé devant la
guerre civile et ses désastreuses conséquences. Depuis
quinze ans, notre colonie n'étant plus alimentée par ses
contingents habituels, diminue à vue d'œil.

Il nous reste à examiner quelles ressources offre à nos
émigrants la situation actuelle. Nous l'envisageons d'a-
bord sous le rapport du commerce.

Les trois quarts de nos émigrants sont des agriculteurs
qui, fatigués de la charrue, veulent vivre de l'existence
des villes. Comme ils sont dépourvus de professions, ils
se jettent dans les industries qui demandent peu d'apprentissage : la boucherie, la vente du lait, le service des
cafés et des restaurants s'imposent plus particulièrement
à leur attention, comme étant plus conformes à leurs ap-

titudes. Ceux qui possèdent quelque instruction, cherchent à se pousser dans le commerce. Toutes ces carrières présentaient autrefois des perspectives encourageantes, qui devenaient souvent pour les habiles et les sages, de sérieuses réalités. On peut citer de nombreuses fortunes qui, dans les mêmes conditions, eussent été impossibles en France. Depuis quinze ans la guerre civile a tout changé. La vente du lait et la boucherie, — ces deux principales industries de nos émigrants, — ne donnent plus que des résultats médiocres, et toutes les avenues du commerce sont encombrées. On remarque, dans toutes les branches de l'industrie, un excédant de bras: Même les jeunes gens, nés dans le pays et parlant les deux langues, ne trouvent pas d'emploi. La Nouvelle - Orléans n'offre quelques ressources qu'aux immigrants pourvus d'un état manuel, aux charpentiers, maçons, cordonniers, tailleurs, etc. Et nous devons ajouter que, même pour ceux-là, le travail est devenu très-rare. Il faut également signaler une difficulté qui a grandi avec le temps : c'est que, par suite de la transformation de la population louisianaise, la connaissance de la langue anglaise est devenue, pour nos compatriotes, une nécessité de premier ordre. En résumé, nous ne voyons qu'un genre de travail qui soit assuré, en Louisiane, à nos émigrants, c'est celui de l'agriculture.

Mais nous avons dit que si la plupart de nos émigrants désertaient, en France, la bêche et la charrue, ce n'était point en vue de les reprendre ici. Supposons cependant

qu'ils y consentent, comme pis-aller. Ils trouveront à
s'utiliser aux champs de trois manières : 1° avec des gages
fixes ; 2° à la part dans la récolte ; 3° en devenant loca-
taires ou acquéreurs de terres à cultiver. Avec les salai-
res mensuels qu'on alloue actuellement, (12 à 15 dollars,
60 à 75 francs), le gain est insignifiant et n'est pas en
rapport avec le labeur qu'il représente. D'un autre côté,
le travail à la part offre trop d'incertitude ; l'émigrant ne
sait jamais ce qu'il gagne, et il risque, dans les années
mauvaises, de beaucoup travailler en pure perte. On ne
saurait donc lui recommander ces deux conditions d'emploi. Resterait la location ou l'achat des terres. C'est là
évidemment ce qui présente à l'agriculteur la meilleure
perspective. On loue ou l'on achète aujourd'hui, à très
bas prix, des terres d'une fécondité merveilleuse, et les
conditions pour les paiements sont des plus libérales. Mais
quelque généreux que soient les termes accordés dans ces
transactions, on sent bien qu'ils nécessitent de la part de
l'acquéreur la possession d'un capital. L'achat ou la location des terres n'est qu'un des éléments de l'exploitation.
Il faut aussi et tout d'abord, des animaux de trait, des
instruments aratoires, un certain nombre d'aides, etc.,
etc... et puis il faut vivre et faire vivre son personnel en
attendant la récolte. Tout cela occasionne des débours
considérables et immédiats. Nous croyons qu'on ne peut
entreprendre une exploitation agricole de quelque importance sans une mise de fonds de 15 à 20,000 francs.
Ajoutons que la culture du coton, de la canne à sucre et
du riz qui diffère essentiellement de celle des produits

de France, impose à nos compatriotes nouveaux-venus, un plus ou moins long apprentissage.

Quelques immigrants, venus en famille, ont essayé, avec des bras non salariés, la petite culture, maïs, pommes de terre, jardinage, etc. Cela les a aidés à vivre, mais n'a pas produit de résultats de nature à offrir à nos villageois une compensation à leurs frais de déplacement.

A ces considérations s'en ajoute une très importante celle de l'hygiène.

On prétend à tort, croyons-nous, que le climat de la Louisiane est contraire aux tempéraments francais. On sait que les grands froids sont inconnus ici l'hiver ; en été les chaleurs ne dépassent que par exception 95 degrés Fahrenheit, il est vrai de dire qu'elles sont de longue durée et plus accablantes qu'en France, parce que aggravées surtout dans les limites de la Nouvelle-Orléans, par l'humidité du sol, elles affectent davantage le système nerveux.

Dans les terres hautes de la Louisiane, les travailleurs jouissent d'une santé parfaite. Il n'en est point de même dans les régions marécageuses, où les nouveaux-venus contractent souvent, en été, des fièvres paludéennes très-douleureuses et très-difficiles à guérir. Nos institutions de bienfaisance nous fournissent, sous ce rapport, de nombreux sujets d'observation. La culture du riz, qui se fait sur des terrains humides, ne paraît donc pas convenir à nos immigrants. Mais ce qui semble influer le plus sur leur santé, c'est le genre de nourriture fourni d'ordinaire aux travailleurs des plantations. Le salé de bœuf ou de porc et surtout le whisky, qui constituent le fond de tous les repas, ne sauraient convenir à des estomacs accoutumés au vin, aux légumes et à la viande fraîche. Notre opinion est fondée sur des observations médicales. Il serait donc nécessaire pour le travailleur français qu'il pût retrouver ici les mêmes aliments qu'en France.

La fièvre jaune, cet effroi des immigrants, fait moins souvent qu'autrefois, du moins sous forme épidémique, ses apparitions périodiques à la Nouvelle-Orléans, et l'on sait qu'on a rarement constaté son existence dans les compagnes louisianaises, si l'on en excepte ces deux ou trois dernières années. Jusqu'en 1867, les épidémies se reproduisaient tous les deux ou trois ans. Depuis cette époque, on a eu à regretter, en cette ville, d'assez nombreux décès occasionnés par cette maladie, mais pas d'épidémie proprement dite. Quelques personnes prétendent que l'absence du fléau est due aux travaux d'assainissement pratiqués aux environs de la Nouvelle-Orléans, aux canaux de dégorgement, aux dessèchements des cyprières, au déboisement, etc. Il est vrai que d'autres soutiennent que si la fièvre jaune fait moins de ravages qu'autrefois parmi nous, c'est que l'immigration étant fort restreinte, ce mal, qui n'attaquait généralement que les étrangers non-acclimatés, manque de sujets suffisants pour acquérir des proportions épidémiques. Nous devons nous borner à constater les faits, sans décider entre ces deux opinions et décliner notre compétence dans une question qui divise notre corps médical.

Puisque nous avons parlé du mal, il faut aussi parler
du remède, c'est-à-dire de l'assistance.

Sous ce rapport, notre colonie mérite des éloges. Nos
compatriotes ont fondé plusieurs sociétés de secours
mutuels, dont l'une possède un bel hospice, et qui toutes
prodiguent à leurs membres, dans la maladie, des soins
dévoués et à la portée des plus petites bourses. Nous
avons également une Société de bienfaisance qui pare,
dans les limites de ses ressources, aux premiers besoins
des nouveaux-venus. Nous avons enfin un bureau
de placement et, comme couronnement de l'œuvre,
un cours gratuit d'anglais, idée excellente, s'il en
fût.

La protection dont nous entourons nos immigrants
laisse fort peu à désirer. Mais on sent bien que cette sol-
licitude ne peut créer le travail s'il n'existe pas, ni assurer à nos compatriotes le bien-être qu'ils viennent
chercher en Louisiane.

On peut conclure de l'ensemble des faits qui précèdent,
que la situation commerciale et industrielle de ce pays
n'est pas propice à l'immigration sans capital, c'est-à-
dire dans les conditions habituelles où elle se pratique.
On espère que cette situation ne tardera pas à se modifier.
Des rapports ultérieurs indiqueront les changements qui
pourront survenir dans les conditions économiques du

pays. Pour le moment, notre mission se bornait à tracer les grandes lignes de l'état actuel des choses, afin de mettre nos émigrants en garde contre des illusions fâcheuses et de leur épargner d'amères déceptions.

Nouvelle-Orléans, 3 avril 1876.

Félix LIMET, vice-président du 7e comité.

F. TUJAGUE   J. B. SEGUIN.

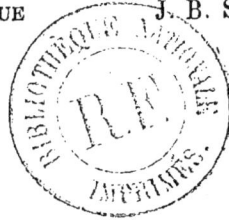

TABLE

Paris. — Typ. A. Parent, rue Monsieur-le-Prince, 29-31.

154